노자
도덕경

동양 고전
원문 읽기
시리즈 ❷

노자
도덕경

노자 원전
윤지산 옮김

서문

바람의 철학 - 『도덕경』

우리는 하얀 종이의 표면에 비치는 광기와 그것을 읽지 않겠다고 하는 자신의 방어기제에 동시에 저항하지 않으면 안 됩니다. 끈기 있게, 자신과 자신에게서 밀려나오는 그 무수한 것을 최대한 쥐어짜 삐걱거리게 합니다. 그것이 읽는다는 것입니다. 차례로 넘기는 책의 한 페이지 한 페이지마다 우리는 실오라기 하나 걸치지 않은 무의식의 벌거벗은 형태로 도박하는 것입니다.

(사사키 아타루, 송태욱 역 『잘라라, 기도하는 그 손을』, 자음과 모음, pp54-55)

"바람인가!"

98년 세상은 아이엠에프 여파로 어수선했고, 나는 사랑하는 어떤 것을 잃어버리고 '화려한 비탄'에 젖어 있었다. 잦은 폭음으로 낙화하면서 도서관으로 숨어들었다. 득도 같은 비장한 각오는 없었다. 다만 이 불가해한 세상과 사랑을 조금이라도 이해하고 싶었다. 『장자』, 「소요유」에 나오는 매미와 비둘기 같은 결기(決起)를 품은 채 작은 사전 한 권, 번역본 둘을 들고 그해 여름 내내 도서관에서 살았다. 건물을 신축하면서 갖춘 에어컨은 서늘한 냉기를 맹렬히 발산했다. 상처 아닌 상처, 열정이 아닌 열정이 저무는 20대와 함께 조금씩 가라앉기 시작했다. 『도덕경』 81장과 왕필(王弼, 226-249) 주석을 이렇게 처음 완독했다. 마지막 장을 덮고 새벽녘 도서관을 문을 나서던 그 날이 아직도 선명하다. 더 깊은 무명(無名)이 엄습하는 두려움에 몸이 오싹했다. 그리고 혼자 중얼거렸다. "도(道)는 바람인가!"

『도덕경』은 왕필의 주석을 기준으로 한다면 5,162자(字)에 지나지 않는다. 허나, 그 깊이는 도무지 형량이 안 되며 의미는 가늠할 길이 막연하다. '도가도비상도(道可道非常道)', 『도덕경』 첫머리에서 선언했듯 아예 깊이도 의미도 없을 수 있고, 설령 있다 하더라도 인간의 언어 혹은 사유로 담아낼 수 없는 것일지도 모른다. 그렇다면 이런 책을 누가 왜 세상에 전했을까? 『도덕경』의 작가는 일단 노자(老子)로 알려졌지만, 그가 실존 인물인지조차도 모호하다. 사마천의 『노장신한열전(老莊申韓列傳)』에 따르면, 노자는 초나라 출신으로 이이(李耳)라고 한다. 주나라 왕실 도서관 관장을 지냈고, 공자가 찾아와서 예를 물어볼 정도로 당시에 저명한 인사였다고 사마천은 전한다. 이 정도 정보가 거의 전부다. 그가 세상을 등지면서 수문장 윤희(尹喜)에게 전했다는 서물(書物)이 지금 우리가 보는 판본과 같은지 확인할 길이 없다.

춘추전국시대에 유통된 것은 부정할 수 없는 사실이고, 성립 시기는 아무리 늦어도 전국시대 말 이전인 것도 확실하다. 왜냐하면 한비자(韓非子. BC 280?-233?)가 주석을 달았기 때문이다(『한비자』,「유노(喩老)」와 「해노(解老)」 참고). 이다음 주석은 한나라 문제(文帝, 재위 BC180-157) 때 하상공(河上公)이 쓴 『노자장구(老子章句)』이다. 주석가 하상공에 대한 정보도 많이 남아 있지 않다. 한비자가 어떤 텍스트를 보고 해석을 했는지 알 수 없고, 현존 판본과 가장 유사한 것이 하상공이 주석을 달 때 본 텍스트이다. 따라서 『도덕경』 성립은 아무리 늦춰 잡아도 한나라 초기 아래로 내려오지 않는다.

춘추시대부터 한나라 초기까지 집단 지성이 왕성하게 활동하던 시절이다. 소위 제자백가(諸子百家)는 집단 지성의 다른 이름이다. 전국시대 말기로 내려오면서 학자 이름을 딴 텍스트들이 등장한다. 『맹자』, 『장자』, 『순자』, 『한비자』 같은 역작이 쏟아져 나온다. 한 인물을 전면에 내세우긴 했지만, 이 책들을 찬찬히 읽어보면 문체와 어조가 한 사람이 아닌 여러 사람이 편집했다는 것을 단박에 알 수 있다. 하지만 『도덕경』은 읽으면 읽을수록 호흡이 한 사람인 듯한 인상을 받는다. 1장부터 37장까지를 '도경(道經)'이라고 하고, 38장부터 81장까지 '덕경(德經)'이라고 한다. '덕경' 초반에서 중반까지 글의 결이 조금 다른데, 그 역시 작가가 일관된 흐름을 유지하려고 교정한 흔적이 보인다.

어쨌든, 편집 시기는 특정할 수 없지만, 『도덕경』은 최후의 누군가가 혼자 편집한 것 같다는 느낌은 필자는 읽을 때마다 받는다. 지금까지 밝혀진 문헌학적 성과로는 이를 입증할 방법은 없다. 100독(讀)을 넘겼을 무렵인가 『도덕경』 화자는 그렇게 말을 걸어왔다. 이 천재는 장자의 전언처럼 우리에게 이름을 남기지 않았을 뿐이다. 장자가 "지인은 자아가 없고, 신인은 자취가 없으며, 성인은 이름이 없다(至人無己, 神人無功, 聖人無名, 「소요유」)"라고 하지 않았던가! 본서 20장의 독백을 근거로 들 수 있겠다. 또 이 느낌을 뒷받침할 수 있는 엄연한 사실은 『도덕경』에는 "고유명사가 단 하나라도 등장하지 않는다"는 것이다. 과문한 탓이라 필자는 여태 이런 책을 본 경험이 없다. 작가의 의도인지 아니면 어쩌다 그렇게 되었는지 작가에게 묻지 않고는 알 수 없다.

이 함의는 깊다. 우선, 작가가 시간과 공간의 한계를 뛰어넘었다는 것이다. 인간이 시대와 상황이라는 멍에를 과연 벗어 버릴 수 있는지는 모르겠지만, 그 힘과 영향력을 외면할 수는 있지 않을까? 하나 더, 진정 '고유'하다는 것이 존재하는가? 영원토록 불변하는 자아는 존재하는가? 그래야만 자아라는 동일성(identity)이 유지된다. 우리의 생생한 경험에 의하면 나와 타자는 늘 침범하기도 감응하기도 하면서 섞여 흘러가지 않는가? 그렇다면 자아를 고집한다는 것은 얼마나 어리석은가? 『도덕경은』 말한다. "명가명비상명(名可名非常名)."

선진 문헌은 주장/학설을 강화하려고 알맞은 형식을 개발한다. 『도덕경』이 그 흐름의 시작이다. 아름답고 간결한 문체, 『도덕경』을 펼 때마다 '반가사유상'을 떠 올린다. 군더더기 없이, 고요히 흐르는 사유. 침묵 속에서 조용히 피어나는 구도를 향한 뜨거운 열정. 시간마저 망각하는 적멸 ······.

예수에게 바울, 공자에게 주희, 붓다에게 용수가 있듯 『도덕경』의 제자는 천재 중의 천재 왕필(王弼, 226-249)이 있다. 왕필 전후로 중국 철학사를 나눌 만큼 왕필의 위상은 대단하다. 왕필이 없으면 선종(禪宗)도 성리학도 그렇게 꽃피우지 못했으리라. 이는 왕필 개인의 역량보다 위진이라는 독특한 분위기가 천재를 만들었다. 『삼국지연의』를 통해 이 시대는 우리에게도 익숙하다. 정현(鄭玄), 하안(何晏), 곽상(郭象) 같은 학자들, 조조(曹操) 3부자와 건안칠자(建安七子)들 같은 예술인, 제갈량 같은 정치가들 여러 방면에서 천재들이 마구 출몰한다. 마치 춘추시대의 백가쟁명이 다시 도래한 듯 학술과 예술이 크게 성장한다. 후한 위, 촉, 오 삼국시대 에 걸쳐 위진까지는 일견 혼란기 같아 보이지만, 절대 황권이 무너지자 자유롭게 사유할 수 있었던 덕분인 것 같다.

왕필은 이런 문화적 혜택을 받는다. 왕필의 외증조부가 유표(劉表)인데, 유비(劉備)가 한때 의탁한 인물이다. 왕필의 조부 왕개(王凱)도 동생 왕찬(王粲)과 함께 동한 혼란기 때 난을 피해 유표에게 몸을 맡긴다. 왕찬은 건안칠자 중 한 사람으로 문학적 재능이 탁월해 유표가 사위로 탐을 낸다. 왕찬은 재능과 비교해 용모가 따라주지 않아 유표는 대신 왕개를 사위로 낙점했다고 한다. 이후 왕찬은 조조가 손권을 정벌할 때 참모로 따라갔다 병사한다. 두 아들도 연좌되어 처벌되자 왕필의 아버지 왕업(王業)이 양자로 들어가 후사를 잇게 된다.

왕필은 일찍부터 두각을 나타낸다. 당시 학계는 하안(何晏)이

주름잡고 있었는데 왕필을 처음 보고는 "중니께서 후생은 두려워해야 한다고 했는데, 이 사람이라면 하늘과 사람 사이의 일을 논할 만 하다(仲尼稱后生可畏 若斯人者 可與言天人之際乎)"라고 칭찬했다고 한다. 더욱 놀라운 것은 그때 왕필의 나이 약관(弱冠)에 불과했다는 사실이다. 중국 사상사에 지대한 영향을 미치는 『노자주(老子注)』, 『노자지략(老子指略)』, 『주역주(周易注)』, 『주역약례(周易略例)』, 『논어석의(論語釋疑)』 등이 모두 20대 초에 쓴 작품이다. 『도덕경』, 『장자』, 『주역』을 묶여 삼현(三玄)이라고 하며, 위진(魏晉)시대 때 특히 이 분야에 관한 연구가 많아 이 시대 학문적 경향을 위진현학이라고 부른다. 통상 삼현은 젊어서부터 부지런히 공력을 쌓아 인생의 완숙기에 접어들어서야 비로소 뜻을 깨칠 수 있다고 했는데, 왕필이 등장하면서 그런 말이 무색해졌다. 전대미문의 신출내기 검객이 중원의 고수들을 단 1합에 제압했다고 할까?

귀기(鬼氣) 서린 왕필의 글을 읽고 있노라면, 왕필이 『도덕경』에 주석을 단 것인지 『도덕경』이 왕필의 주석인지 헷갈릴 정도이다. 왕필은 '온고지신(溫故知新)'이라는 개념 창조의 전형이 아닐까 한다. '시대가 사람을 만든다'라는 것을 강조하고자 왕필을 길게 이야기했다. 물론 한비자(韓非子)도 시대의 은총을 받았다. 노자, 순자(荀子), 한비자, 왕필로 이어지는 일련의 흐름에 대해서 다음 작품에서 자세히 다루겠다. 『도덕경』에 대한 가장 중요한 주석가가 한비자와 왕필이라는 것만 가볍게 짚고 넘어가고자 한다.

『논어』를 위시한 다른 선진시대 문헌은 고본과 현행본의 차이가 크게 난다. 하지만, 마왕퇴(馬王堆) 백서(帛書), 곽점초간(郭店楚簡) 등 무덤에서 나온 출토 자료와 현행본(왕필이 주석을 단 『도덕경』)과 별반 다르지 않다. 『도덕경』은 최후 편집자가 교정하고서부터는 그대로 전승되어 내려온 것이다. 최후 편집자가 노자이든 아무개든 『도덕경』이라는 텍스트와 접속하는데 작자가 중요하지 않다. 그는 이미 세상 밖에서 소요하고 있었다[遊乎四海之外]. 이 작가는 음악, 미술 같은 인간의 작위에 대해서 언급조차 하지 않는다. 그래서 역사적 맥락에서 그의 사상을 더듬는 것은 무의미하다.

그는 무엇을 보고(theōriā) 세상에 전하려 했던가! 피타고라스처럼 지성적 관조(intellectual contemplation)를 통해 자연이 품은 기하학적 질서를 발견한 것일까? 아니면 사도 바울처럼 가시덤불에서 하느님의 음성을 들었을까? 보리수 아래 붓다처럼 적막(寂寞)을 보았을까? 물인가? 계곡인가? 무(無)와 유(有)인가? 무위자연(無爲自然)인가? 그는 선언한다.

길이라 믿었던 그 길은 제 길이 아니리라!
즐겨 부르던 이름마저도 제 성명이 아니라는 것.
(道可道非常道 名可名非常名).

『도덕경』을 번역하면서 세웠던 첫 원칙은 '한글로 읽어도 이해할 수 있게 하자!'였다. 그러면서 『도덕경』만의 운율을 살리고 싶었다. 첫머리부터 기존 번역과 크게 다르다. 통상 '도를 도라하고 하면 항상된 도가 아니다'라고 많이 번역해왔다. 필자도 그렇게 읽고 배웠다. 그런데 이 말은 도무지 무슨 말인지 이해할 수가 없었다. 또 '위무위(爲無爲)'를 '함이 없음을 행하다'라고 번역했는데 이 역시 의미가 살아나지 않아 달리 번역했다. 저 첫 구절을 만난 지 30년 성상이 흘렀다. 정직하게 고백하자면 여전히 이 말씀을 깨닫지 못했다. 총명하지 않지만, 다행히 게으르지 않아 논문을 무수히 읽었다. 허사였다. 또 하나의 문제, 이 선언대로라면 『도덕경』 자체도 아름다운 수사에 지나지 않는다. 붓다도 같은 말씀을 하신다.

수보리야! 소위 불법이라고 하는 것은 불법이 아니다.
-『금강반야바라밀경』
須菩提! 所謂佛法者, 卽非佛法
-『金剛般若波羅蜜經』

이어서 깨달은 자, 붓다께서는 '머무는 바 없이 마음을 내라[應無所住而生其心]!'라고 어리석은 중생에게 간곡하게 설하신다. 우리는 매일 '나'라는 자아를 확신하고 맹신한다. 시각을 조금만 달리해도 이 '자아'라는 것이 허상이라는 것을 한칼에 깨칠 수 있다. 내가 만약 중국이나 일본에 태어나서 성장했다면 지금의 '나'가 있겠는가! 자아는 세계가 내 신체를 빌려 잠시 머무는 곳이다. 이 일시적이고 우연적 사태를 영원불변하는 어떤 것으로 착각하고 살아야만 하는 것이 우리 인간의 숙명인가? 이 안개를 어떻게 걷어내며, 안개가 걷히고 나면 무엇을 볼 수 있는가!

노자는 법안(法眼)으로 이 세계를 다시 보라고 우리에게 권한다. 언어로 담을 수 없는, 그래서 억지로 표현할 수 없는 길이 우리에게 열린다는 것이다. 물[水]은 도에 가까우나[幾於道] 도는 아니다. 이 길을 어떻게 설명해야 하나! 만약 도를 '이것'이라고 정의하면 거기에 매몰되거나 갇히게 된다. 도는 그렇게 고정하거나 지시할 수 없는 것이다. 『도덕경』 81장은 허공에 찍히는 새 발자국[航路]을 표현하는 변주곡 같다. 새는 하늘이 미리 낸 길을 따라 나는가? 아니면 날면서 길을 창조하는가? 만약 후자가 참이라면 그 길은 『도덕경』이 전하는 '도(道)'와 많은 면에서 닮았다. 새는 길을 내고도 흔적을 남기지 않으면 제 것이라고 고집하지 않는다. 거센 폭풍에도 굳건한 저 까치집은 또 어떤가?

하지만, 우리 인간이 이 땅에 생존하면서 '위(爲)' 혹은 '위(僞)'를 짓지 않고 살 수 있는가! 인간은 자연의 물리적 법칙에 순응만 해야 하는가? 아니면 강을 막고 산을 뚫는 문명을 건설하면서 존재론적 위상을 개척할 수는 없는가? 『도덕경』이 인간의 작위 자체를 부정하지는 않는 것 같다. 그렇다면 『도덕경』 5천여 글자도 남기지 말았어야 했다. 언어는 인간이 개발한 문명 중 최고가 아니던가! 『도덕경』은 자연과 작위 사이에서 인간의 길을 새롭게 제시하는 것이다. 이 문명만이 아닌 다른 문명의 길이 분명 있다. 세계와 감응하면서(affection) 또 타인과 감응하면서 우리가 열어가야 할 것이다. 『도덕경』은 그 첩경을 우리에게 아름다운 언어로 가르쳐 준다. 여기까지 하겠다. 부연하는 것은 췌언(贅言)이리라.

　이 역서는 사사키 아타루(佐々木中)에게 감응 받은 바가 크다. 또 『도덕경』에 관한 여러 시야를 열어 주신 김형효 선생과 김용옥 선생께 감사드린다. 번역한 글에서 바람과 음악 느낌이 난다면 본서는 성공한 것이다. 『도덕경』을 첫 완독하고 받은 그 느낌을 살리려 미력한 힘을 다했다. 행여 인연이 닿아 본서를 질책해 주시는 분이 계신다면 그보다도 복된 일은 없으리라!

2021년 겨울, 용문산 아래에서
尹芝山

목차

서문	4
도경(道經) 1~37 章	15~85
덕경(德經) 38~81 章	87~171
발문	172

道經

노자 도덕경

도경

一章

道可道非常道	도가도비상도
名可名非常名	명가명비상명
無名天地之始	무명천지지시
有名萬物之母	유명만물지모
故常無欲以觀其妙	고상무욕이관기묘
常有欲以觀其徼	상유욕이관기요
此兩者同出 而異名	차양자동출 이이명
同謂之玄	동위지현
玄之又玄	현지우현
衆妙之門	중묘지문

1장

길이라 믿었던 그 길은 제 길이 아니리라!
즐겨 부르던 이름마저도 제 성명이 아니라는 것.
하늘과 땅의 시작을 무라 하고,
온갖 것의 어미를 유라고 그저 그렇게 부른다.
하여, 늘 무욕하면 그 길이 아득히 드러나고,
늘 유욕하면 그 길이 닿는 곳이 보인다.
무와 유 이 둘은 한 몸이나
(사람의) 눈길이 닿아 이름이 갈려질 뿐이다.
무와 유는 같이 (동틀 무렵 새벽녘처럼) 가물하다.
깊고 깊으며 아득하고 아득하구나!
뭇 묘함이 나오는 존재의 안감이여!

二章

天下皆知美之爲美 斯惡已	천하개지미지위미 사악이
皆知善之爲善斯 不善已	개지미지위선사 불선이
故有無相生	고유무상생
難易相成	난이상성
長短相較	장단상교
高下相傾	고하상경
音聲相和	음성상화
前後相隨	전후상수
是以聖人處無爲之事	시이성인처무위지사
行不言之敎	행불언지교
萬物作焉而不辭	만물작언이불사
生而不有	생이불유
爲而不恃	위이불시
功成而弗居	공성이불거
夫唯弗居是以不去	부유불거시이불거

2장

하늘 아래 사람들이 예쁘다고 했던 것, 못난 것이 아닐까!
좋다고 믿었는데 좋지 않은 게 아닐까!
무는 유를 보듬고, 유는 무를 바탕으로 한다.
쉬움과 어려움은 때론 섞여 있고,
길이는 상대에 따라 길고 짧음이 정해진다.
음악과 소음을 가르는 기준이 없고,
앞은 곧 뒤고 뒤는 곧 앞이다.
성인은 조용히 아무것도 안 하시는 듯,
말 없는 가르침을 베푸신다.
(하늘은) 만물을 짓고도 이래라저래라 하지 않는다.
낳고도 소유하려 들지 않으며,
위하면서도 대가를 바라지 않는다.
공을 이루고서도 뽐내지 않는다.
공을 세우고도 대접받기를 바라지 않으니,
자리에서 쫓겨나지 않는다.

(하늘처럼 성인도 그러시다!)

三章

不尙賢使民不爭　　　　　　　　불상현사민부쟁

不貴難得之貨 使民不爲盜　　　　불귀난득지화 사민불위도

不見可欲 使民心不亂　　　　　　불견가욕 사민심불란

是以聖人之治　　　　　　　　　시이성인지치

虛其心　　　　　　　　　　　　허기심

實其腹　　　　　　　　　　　　실기복

弱其志　　　　　　　　　　　　약기지

强其骨　　　　　　　　　　　　강기골

常使民　　　　　　　　　　　　상사민

無知無欲　　　　　　　　　　　무지무욕

使夫智者不敢爲也　　　　　　　사부지자불감위야

爲無爲則無不治　　　　　　　　위무위즉무불치

3장

잘난 놈을 숭상하지 말아야
백성이 다투지 않는다.
희귀한 재물을 귀하게 여기지 말아야
백성이 도둑질하지 않는다.
욕심나는 것을 감추어야
백성의 마음이 흔들리지 않는다.
하여, 성스러운 사람이 나라를 다스리면
백성은 마음을 비우고
배불리 먹는다.
삿된 미망을 버리고
뼈를 튼튼하게 한다.
성인은 항상 백성이
헛된 앎을 버리고
욕심을 줄이게 한다.
조금 배운 놈들이 설치지 못 하게 한다.
성인은 하신 게 없으신 듯
모두가 자연스럽게 흘러간다.

四章

道沖而用之	도충이용지
或不盈	혹불영
淵兮 似萬物之宗	연혜 사만물지종
挫其銳	좌기예
解其紛	해기분
和其光	화기광
同其塵	동기진
湛兮似或存	담혜사혹존
吾不知誰之子	오부지수지자
象帝之先	상제지선

4장

길이란 누구나 낼 수 있는 것,
내어도, 내어도 끝이 없네.
바닥이 보이지는 않는 심연처럼
길은 드러나지 않고 만물을 이끄네!
성난 것을 다독이고
얽힌 매듭을 푼다.
빛은 고르게 비추고,
먼지는 가지런히 내려앉는다.
조용하고 깊게
있는 듯 없는 듯,
누구의 아들인가?
하느님보다 앞서는가!

五章

天地不仁　　　　　　　　　　　　천지불인

以萬物爲芻狗　　　　　　　　　　이만물위추구

聖人不仁　　　　　　　　　　　　성인불인

以百姓爲芻狗　　　　　　　　　　이백성위추구

天地之間　　　　　　　　　　　　천지지간

其猶橐籥乎　　　　　　　　　　　기유탁약호

虛而不屈　　　　　　　　　　　　허이불굴

動而愈出　　　　　　　　　　　　동이유출

多言數窮　　　　　　　　　　　　다언삭궁

不如守中　　　　　　　　　　　　불여수중

5장

하늘과 땅은 (인간이 생각하는 것처럼) 자비롭지 않아
만물을 풀강아지처럼 하찮게 대한다.
성인도 어질지 않아
백성을 풀강아지 보듯 한다.
하늘과 땅 사이는
큰 풀무 같아,
텅 비어 있어 닳지 않고
움직일수록 바람이 더 나온다.
말이 많으면 자주 막히므로
텅 빈 것처럼 침묵하느니만 못하다.

六章

谷神不死	곡신불사
是謂玄牝	시위현빈
玄牝之門	현빈지문
是謂天地根綿綿若存	시위천지근면면약존
用之不勤	용지불근

七章

天長地久	천장지구
天地所以能長且久者 以其不自生	천지소이능장차구자 이기불자생
故能長生	고능장생
是以聖人後其身而身先	시이성인후기신이신선
外其身而身存	외기신이신존
非以其無私邪	비이기무사사
故能成其私	고능성기사

6장

계곡의 신은 죽지 않는다.
계곡의 신을 현빈이라고도 한다.
현빈의 문은 천지의 뿌리이다.
(신의 존재는) 이어질 듯 끊어질 듯
아무리 힘을 써도 지치지 않는다.

7장

하늘과 땅은 오래 간다.
천지가 (시간과 공간이 무한처럼) 오래 가는 것은
자기를 위하지 않아서다.
하여, 성인은 자신을 뒤로하니 앞서게 되고
자기 몸만 아끼려 들지 않으니 오히려 성명을 보존한다.
사사로움이 없으니
뜻한 바를 이룬다.

八章

上善若水	상선약수
水善利萬物而不爭	수선리만물이부쟁
處眾人之所惡	처중인지소오
故幾於道	고기어도
居善地	거선지
心善淵	심선연
與善仁	여선인
言善信	언선신
正善治	정선치
事善能	사선능
動善時	동선시
夫唯不爭故無尤	부유부쟁고무우

8장

최상의 길이란 물처럼 흐른다.
만물을 이롭게 하면서 먼저 가려 다투지 않고
뭇 사람들이 싫어하는 낮은 곳을 꺼리지 않는다.
그러면 도에 가깝다.
평소 생활은 땅처럼 두텁게,
마음 씀씀이 연못처럼 그윽하게,
좋은 사람과 사귀고,
말을 미쁘게,
일은 능숙하게,
행동은 때에 맞게 (살아야 한다).
오직 다투지 않을 때만
허물이 없다.

九章

持而盈之 不如其已   자이영지 불여기이
揣而銳之 不可長保   췌이예지 불가장보
金玉滿堂 莫之能守   금옥만당 막지능수
富貴而驕 自遺其咎   부귀이교 자유기구
功遂身退   공수신퇴
天之道   천지도

9장

가졌으면서도 더 채우려 말고 멈추어라!
갈아 날카로운 것은 오래 가지 못한다.
금과 옥이 가득하면 지킬 길이 없어라!
재물이 많고 지위가 높으면서 교만하다면 허물만 남길 뿐
공을 세웠다면 물러나는 것이
하늘의 길이다.

十章

載營魄抱一能無離乎	재영백포일능무리호
專氣致柔能嬰兒乎	전기치유능영아호
滌除玄覽能無疵乎	척제현람능무자호
愛民治國能無知乎	애민치국능무지호
天門開闔能無雌乎	천문개합능무자호
明白四達能無爲乎	명백사달능무위호
生之畜之	생지휵지
生而不有	생이불유
爲而不恃	위이불시
長而不宰	장이부재
是謂玄德	시위현덕

10장

하늘과 땅의 기운을 받아 온전히 지킬 수 있는가!
기를 오롯이 하고 한없이 부드러운 아기처럼 될 수 있는가!
어지러운 마음을 깨끗이 닦아 티끌이 없게 할 수 있는가!
백성을 아끼고 나라를 다스림에 잔꾀 없이 할 수 있는가!
하늘의 길이 열고 닫히듯, 암컷처럼 살 수 있는가!
세상을 분명히 알아 거짓을 짓지 않을 수 있는가!
길을 헤쳐가고 덕을 키워가네.
낳았으면서도 소유하려 들지 않고,
위하면서도 뽐내려 하지 않고,
길렀으면서도 명령하지 않네.
이를 현덕이라고 한다.

十一章

三十輻共一轂	삼십폭공일곡
當其無 有車之用	당기무 유거지용
埏埴以爲器	연식이위기
當其無 有器之用	당기무 유기지용
鑿戶牖以爲室	착호유이위실
當其無有室之用	당기무유실지용
故有之以爲利	고유지이위리
無之以爲用	무지이위용

11장

수레바퀴 살이 중심으로 모이고
중심은 비었으니 바퀴가 굴러간다.
찰흙으로 그릇으로 빚는데
그릇이 비어 있어야 쓸모가 있다.
문과 창을 내고 집을 짓는데
비어 있어야 방이다
하여 보이는 것이 쓸모가 있으려면
반드시 보이지 않는 것과 함께해야 한다.

十二章

五色令人目盲　　　　　　　　　오색령인목맹

五音令人耳聾　　　　　　　　　오음령인이롱

五味令人口爽　　　　　　　　　오미령인구상

馳騁畋獵令人心發狂　　　　　　치빙전렵령인심발광

難得之貨令人行妨　　　　　　　난득지화령인행방

是以聖人爲腹　　　　　　　　　시이성인위복

不爲目　　　　　　　　　　　　불위목

故去彼取此　　　　　　　　　　고거피취차

12장

다섯 색은 눈을 어둡게 하고
다섯 음은 귀를 먹게 하고
다섯 맛은 입을 버리게 한다.
말 달리고 사냥하면 마음이 밖으로 달아난다.
귀한 재화 탓에 사람은 못되게 변한다.
하여 성인은 백성을 배불리 먹이지만,
눈을 현혹하지는 않는다.
후자를 버리고 전자를 취한다.

十三章

寵辱若驚	총욕약경
貴大患若身	귀대환약신
何謂寵辱若驚	하위총욕약경
寵爲下	총위하
得之若驚失之若驚	득지약경실지약경
是謂寵辱若驚	시위총욕약경
何謂貴大患	하위귀대환
若身吾所以有大患者爲吾有身	약신오소이유대환자위오유신
及吾無身吾有何患	급오무신오유하환
故貴以身爲天下	고귀이신위천하
若可寄	약가기
天下愛以身爲天下	천하애이신위천하
若可託天下	약가탁천하

13장

사랑을 받거나 모욕을 당해도 매우 경계하라!
큰 우환을 내 몸처럼 귀하게 여겨라!
어째서 사랑과 모욕을 모두 경계하라고 하는가?
뜨거운 사랑은 언제나 식으니,
그래서 받아도 잃어도 놀란 듯이 하라는 것.
(식은 사랑이 다시 찾아오더라도 또 식을 것이므로)
그래서 사랑을 받거나 모욕을 당해도 매우 경계해야 한다.
왜 큰 우환을 내 몸처럼 귀하게 여기라 하는가?
내가 큰 우환을 겪는 것은 내 몸이 있어서이다.
만약 내 몸이 없다면 무슨 걱정이 있겠는가!
그래서 자기 몸처럼 천하를 귀하게 여기는 사람에게
천하를 맡겨야 하고,
자기 몸처럼 천하를 아끼는 사람에게
천하를 부탁해야 한다.

十四章

視之不見名曰夷 시지불견명왈이

聽之不聞名曰希 청지불문명왈희

搏之不得名曰微 박지부득명왈미

此三者不可致詰 차삼자불가치힐

故混而爲一 고혼이위일

其上不皦 기상불교

其下不昧 기하불매

繩繩不可名 승승불가명

復歸於無物 복귀어무물

是謂無狀之狀無物之狀 시위무상지상무물지상

是謂恍惚 시위홀황

迎之不見其首 영지불견기수

隨之不見其後 수지불견기후

執古之道以御今之有 집고지도이어금지유

能知古始是謂道紀 능지고시시위도기

14장

보아도 보이지 않는 것을 '이'라고 하고
들어도 들리지 않는 것을 '희'라고 부르며
잡아도 잡히지 않는 것을 '미'라고 이름한다.
이 세 가지는 꼬치꼬치 따질 수 없는 것.
하여, 두리뭉실 하나라고 잠시 부를 뿐이다
위는 밝지 아니하고
아래는 어둡지 않다.
새끼줄처럼 이어지고 이어지는데도 이름을 붙일 수 없다.
(빈 공간처럼) 아무것도 없는 곳으로 돌아간다.
이를 모습도 자취도 없는 모습이라고 한다.
이들 두고 황홀하다고 표현한다.
맞이해도 머리를 볼 수 없고,
쫓아가도 꼬리를 볼 수 없다.
다만 옛길을 더듬어 지금 모습을 추측할 뿐이다.
아득한 시원을 헤아리는 것을 길의 벼리라고 한다.

十五章

古之善爲士者微妙玄通	고지선위사자미묘현통
深不可識夫唯不可識	심불가식부유불가식
故强爲之容豫焉	고강위지용예언
若冬涉川	약동섭천
猶兮若畏四隣	유혜약외사린
儼兮其若容	임혜기약용
渙兮若氷之將釋	환혜약빙지장석
敦兮其若樸	돈혜기약박
曠兮其若谷	광혜기약곡
混兮其若濁	혼혜기약탁
孰能濁以靜之徐淸	숙능탁이정지서청
孰能安以久動之徐生	숙능안이구동지서생
保此道者不欲盈	보차도자불욕영
夫唯不盈故能蔽不新成	부유불영고능폐불신성

15장

옛날 뛰어난 이들은 자취도 없어 걸리지 않고 모든 것에 통했다.
깊고도 깊어 바닥을 헤아릴 수 없다.
그 모습을 억지로 형언하자면,
머뭇머뭇 살얼음을 건너고
주저주저 사방을 살피는 것 같네!
조심할 때는 큰 손님을 맞는 것 같고,
마음을 놓을 때는 얼음이 녹는 것 같이 풀린다.
듬직하다! 마치 통나무처럼,
텅 비었도다! 마치 빈 계곡처럼,
몸을 섞는다! 마치 흙탕물처럼,
누가 천하의 어지러움을 가라앉혀 물처럼 맑게 할 수 있는가!
누가 모두를 제자리에 돌려 느긋하며 살게 할 수 있는가!
이 길을 따른 자는 가득 채우러 덤비지 않는다.
오직 채우려 들지 않을 때만
만물을 품기만 할 뿐 공연히 새로 짓지 않는다.

十六章

致虛極守靜篤	치허극수정독
萬物竝作吾以觀復	만물병작오이관복
夫物芸芸	부물예예
各復歸其根	각복귀기근
歸根曰靜	귀근왈정
是謂復命	시위복명
復命曰常	복명왈상
知常曰明	지상왈명
不知常妄作凶	부지상망작흉
知常容	지상용
容乃公	용내공
公乃王	공내왕
王乃天	왕내천
天乃道	천내도
道乃久	도내구
沒身不殆	몰신불태

16장

(마음을) 끝까지 비우고, 고요함을 독실하게 지켜라!
만물은 나란히 자라는데
나는 돌고 도는 것을 본다.
온갖 것은 풀처럼 무성히 자라지만
모두 제 뿌리로 돌아간다.
뿌리로 돌아가는 것을 고요함이라 하고
이를 또 (하늘의) 명으로 돌아온다고 한다.
명으로 돌아옴을 한결같다고 하며
한결같음을 아는 것을 밝음이라고 한다.
세상이 늘 그러함을 알지 못하면 제멋대로 날뛴다.
늘 그러함을 알면 넓고 너그러워지며
너그러워지면 공평해진다.
공평해지면 왕 노릇을 할 수 있다.
왕 노릇을 할 수 있으면 하늘의 길에 닿는다.
하늘의 길에 닿으면 도와 하나가 된다.
도와 하나가 되면 (하늘과 땅처럼) 오래 간다.

十七章

太上下知有之	태상하지유지
其次親而譽之	기차친이예지
其次畏之	기차외지
其次侮之	기차모지
信不足焉有不信焉	신부족언유불신언
悠兮其貴言	유혜기귀언
功成事遂	공성사수
百姓皆謂我自然	백성개위아자연

17장

최상의 정치는 백성이 그저 왕이 있다는 것만 알 뿐이다.
그다음은 백성이 왕을 사랑하고 명예롭게 여긴다.
그 아래가 백성이 왕을 두려워한다.
최악의 정치는 백성이 왕을 욕할 뿐이다.
믿음이 부족하면 불신이 자라난다.
(리더는) 조심조심, 말을 귀하게 여겨야 한다.
공을 세웠다면 뒤로 물러서라!
백성은 입을 모아 '내 힘으로 이렇게 되었다'라고 한다.

十八章

大道廢有仁義	대도폐유인의
慧智出有大僞	혜지출유대위
六親不和有孝慈	육친불화유효자
國家昏亂有忠臣.	국가혼란유충신

十九章

絶聖棄智民利百倍	절성기지민리백배
絶仁棄義民復孝慈	절인기의민복효자
絶巧棄利	절교기리
盜賊無有	도적무유
此三者以爲文不足	차삼자이위문부족
故令有所屬	고령유소속
見素抱樸	견소포박
少私寡欲	소사과욕

18장

큰 도가 사라지니 '인간다움', '올바름' 같은 말들이 떠돈다.
잔꾀가 성행하니 거짓이 창궐한다.
어미, 아비가 바르지 못하니 효자라는 말이 생긴다.
임금이 제 몫을 다 못하니 충성, 충신 같은 말이 나돈다.

19장

(어떤 것이 특히) 성스럽다는 생각을 끊고 (특별한) 지식이 있다는 통념을 버려라!
그러면 백성은 지금보다 백배 더 잘 산다.
인간다움이라는 것, 또 의로움이라는 것 그 역시 버려라. 그러면 백성은 모두 효성스럽고 자애로운 사람이 된다.
교묘한 술책을 쓰지 말고, 탐욕스럽게 취하지 마라. 그러면 도둑이 사라진다.
이 셋만으로 문명이 빛나지 않는다.
모든 것이 제자리로 돌아가게 하라!
본바탕을 보고 통나무같이 마음을 질박하게 하라!
사사로움을 끊고 욕심을 버려라!

二十章

絕學無憂	절학무우
唯之與阿相去幾何	유지여하상거기하
善之與惡相去若何	선지여오상거약하
人之所畏不可不畏	인시소외불가불외
荒兮其未央哉	황혜기미앙재
衆人熙熙如享太牢如春登臺	중인희희여향태뢰여춘등대
我獨泊兮	아독박혜
其未兆 如嬰兒之未孩	기미조 여영아지미해
儽儽兮若無所歸	래래혜약무소귀
衆人皆有餘而我獨若遺	중인개유여이아독약유
我愚人之心也哉 沌沌兮	아우인지심야재 돈돈혜
俗人昭昭我獨昏昏	속인소소아독혼혼
俗人察察我獨悶悶	속인찰찰아독민민
澹兮其若海 飂兮若無止	담혜기약해 료혜약무지
衆人皆有以 而我獨頑似鄙	중인유개이 이아독완사비
我獨異於人而貴食母	아독이어인이귀식모

20장

헛된 공부를 끊어라! 우환이 사라진다.
긍정과 부정이 얼마나 다르겠는가?
좋음과 싫음이 얼마나 차이 나는가?
다른 사람이 두려운 것, 나 역시 두렵다네!
텅 빈 곳은 아무것도 드러나지 법!
뭇사람들은 큰 소를 잡아 잔치하고 봄 누각에 소풍 간 듯 즐거운데
나만 고요히 가라앉는다.
마치 웃을 줄 모르는 갓난아기처럼.
돌아갈 곳이 없어 몹시 지쳤네.
뭇 사람은 모두 여유가 넘치는데, 나만 이렇게도 부족한가?
나는 어리석은 사람인가! 답답하구나!
뭇 사람은 똑소리가 나는데 나는 어두운 밤길을 헤매는 듯 답답하다.
마치 출렁이는 바다처럼, 잦지 않는 산바람처럼.
뭇사람들은 쓸모가 있는데
나만 완고하고 아무짝에도 쓸데가 없구나!
하나, 나는 다른 사람과 달리 만물의 어미를 귀하게 여긴다네!

二十一章

孔德之容惟道是從　　　　　　　공덕지용유도시종
道之爲物惟恍惟惚　　　　　　　도지위물유황유홀
惚兮恍兮 其中有象 恍兮惚兮　　홀혜황혜 기중유상 황혜홀혜
其中有物　　　　　　　　　　　기중유물
窈兮冥兮 其中有精　　　　　　　요혜명혜 기중유정
其精甚眞 其中有信　　　　　　　기정심진 기중유신
自古及今其名不去　　　　　　　자고급금기명불거
以閱衆甫　　　　　　　　　　　이열중보
吾何以知衆甫之狀哉　　　　　　오하이지중보지상재
以此　　　　　　　　　　　　　이차

21장

마음을 비워야 하늘의 길을 따를 수 있네!
도라는 것은 황홀하여 잡을 수 없네!
황홀하다! 그 안에 형상을 품고 만물을 품었구나!
(어두운 우주처럼) 깊고 아득하다!
그 안에 정기가 스며 있네!
그 정기는 참되며, 그 안에 진실이 숨었구나!
예부터 지금까지 그 이름이 사라지지 않으니
태초를 살필 수 있지.
뭇 처음을 내 어찌 알리오?
이 길 덕분이네.

二十二章

曲則全	곡즉전
枉則直	왕즉직
窪則盈	와즉영
敝則新	폐즉신
少則得	소즉득
多則惑	다즉혹
是以聖人抱一爲天下式	시이성인포일위천하식
不自見故明	부자견고명
不自是故彰	부자시고창
不自伐故有功	부자벌고유공
不自矜故長	부자긍고장
夫唯不爭故天下莫能與之爭	부유부쟁고천하막능여지쟁
古之所謂曲則全者	고지소위곡즉전자
豈虛言哉	개허언재
誠全而歸之	성전이귀지

22장

굽히면 오히려 바르게 되고
수그리면 바로 선다.
웅덩이처럼 비워야 가득 차며
묵은 것을 버려야 새것이 온다.
욕심을 줄여야 얻고
욕심이 많으면 오히려 잃는다.
하여, 성인은 하나만 껴안아
천하의 모범이 된다.
자신을 드러내지 않으니 밝고,
스스로 옳다 여기지 않으니 빛난다.
뽐내지 않으니 훌륭한 업적이 남고,
자만하지 않으니 으뜸이 된다.
다투지 않으니 하늘 아래 그 어떤 것도 달려들지 않는다.
'굽히면 바르게 된다'는 옛 말씀이 어찌 허언이겠는가!
진실로 올곧아야 제 길로 돌아간다.

二十三章

希言自然	희언자연
故飄風不終朝	고표풍부종조
驟雨不終日	취우부종일
孰爲此者天地	숙위차자천지
天地尙不能久	천지상불능구
而況於人乎	이황어인호
故從事於道者	고종사어도자
道者同於道	도자동어도
德者同於德	덕자동어덕
失者同於失	실자동어실
同於道者道亦樂得之	동어도자도역락득지
同於德者德亦樂得之	동어덕자덕역락득지
同於失者失亦樂得之	동어실자실역락득지
信不足焉有不信焉	신부족언유불신언

23장

말이 없는 것이 자연스럽다.
거센 바람은 아침 안에 잦아들고
소낙비도 한나절을 넘기지 못한다.
누가 이렇게 하는가?
하늘과 땅이다!
하늘과 땅이 다스려도 오래 가지 못하는데
하물며 사람에 있어서랴!
길대로 살고자 한다면 이렇게 걸어야 한다.
길을 구하는 자는 길과 같아져야 하고
얻음을 구하는 자 얻음과 같아져야 하고
잃음을 구하자는 잃음과 같아져야 한다.
길과 한 몸이 되면 길을 즐겁게 구할 수 있고
얻음과 잃음도 역시 그렇다.
믿음이 부족한 자는 내 말을 외면할 것이다.

二十四章

企者不立　　　　　　　　　　기자불립

跨者不行　　　　　　　　　　과자불행

自見者不明　　　　　　　　　자견자불명

自是者不彰　　　　　　　　　자시자불창

自伐者無功　　　　　　　　　자벌자무공

自矜者不長　　　　　　　　　자긍자부장

其在道也　　　　　　　　　　기재도야

曰餘食贅行　　　　　　　　　왈여식췌행

物或惡之　　　　　　　　　　물혹오지

故有道者不處　　　　　　　　고유도자불처

24장

까치발로는 오래 서지 못한다.
(평소보다) 보폭이 크면 길게 걷지 못한다.
스스로 드러내는 자 밝지 않고
스스로 옳다 고집하는 자 빛나지 않는다.
뽐내는 자 공이 없고
자만하는 자 오래 가지 못한다.
도의 흐름에서 보자면
그것은 식은 밥이오, 군더더기 짓이다.
세상이 모두 싫어하니
길을 아는 자 그렇게 처신하지 않는다.

二十五章

有物混成 先天地生	유물혼성 선천지생
寂兮廖兮 獨立不改	적혜요혜 독립불개
周行而不殆	주행이불태
可以爲天下母	가이위천하모
吾不知其名	오부지기명
字之曰道	자지왈도
强爲之名曰大	강위지명왈대
大曰逝 逝曰遠 遠曰反	대왈서 서왈원 원왈반
故道大	고도대
天大	천대
地大	지대
王亦大	왕역대
域中有四大	역중유사대
而王居其一焉	이왕거기일언
人法地	인법지
地法天	지법천
天法道	천법도
道法自然	도법자연

25장

혼돈은 하늘과 땅보다 앞서네.
소리도 형체도 없이 홀로 서서 다른 것에 기대지 않는다.
(바람처럼) 머물지 않고 두루 다니네.
하여 천하의 어미가 됨직하다!
나는 그것의 이름을 모른다.
글로 도라고 쓴다.
억지로 이름하여 크다고 한다.
큰 것은 가고, 가는 것은 멀어지며, 멀어진 것은 돌아온다.
그러므로 길은 크고,
하늘도 크고,
땅도 크고
임금도 크다.
세상에 큰 것이 네 개 있는데
임금이 그중 하나다.
사람은 땅을 따르고
땅은 하늘을 본받고
하늘은 길을 받들며
길은 스스로 그러할 뿐이다.

二十六章

重爲輕根 중위경근

靜爲躁君 정위조군

是以聖人終日行不離輜重 시이성인종일행불리치중

雖有榮觀 燕處超然 수유영관 연처초연

奈何萬乘之主 而以身輕天下 내하만승지주 이이신경천하

輕則失本 경즉실본

躁則失君 조즉실군

26장

무거움은 가벼운 것의 뿌리이다.
고요함이 야단스러움을 잡는다.
그래서 성인은 종일 걸어도 무거운 짐을 내려놓지 않는다.
영화를 누리더라도 평소처럼 태연하다.
대국을 다스리는 군주가 어찌
몸과 마음을 가볍게 놀릴 수 있겠는가!
가벼우면 근본을 잃고
야단스러우면 주인 자리를 빼앗긴다.

二十七章

善行 無轍迹　　　　　　　　　　선행 무철적
善言 無瑕謫　　　　　　　　　　선언 무하적
善數 不用籌策　　　　　　　　　선수 불용주책
善閉 無關楗而不可開　　　　　　선폐 무관건이불가개
善結 無繩約而不可解　　　　　　선결 무승약이불가해
是以聖人常善救人 故無棄人　　　시이성인상선구인 고무기인
常善救物 故無棄物　　　　　　　상선구물 고무기물
是謂襲明　　　　　　　　　　　　시위습명
故善人者 不善人之師　　　　　　고선인자 불선인지사
不善人者 善人之資　　　　　　　불선인자 선인지자
不貴其師　　　　　　　　　　　　불귀기사
不愛其資　　　　　　　　　　　　불애기자
雖智大迷　　　　　　　　　　　　수지대미
是謂要妙　　　　　　　　　　　　시위요묘

27장

잘 다니면 흔적이 남지 않는다.
좋은 말은 흠결이 없다.
계산을 잘하면 주산을 쓰지 않는다.
잘 닫으면 자물쇠를 채우지 않아도 열지 못한다.
잘 묶으면 끈을 쓰지 않더라도 풀지 못한다.
하여, 성인은 사람을 잘 구해 버리는 사람이 없다.
사물을 아껴 버리는 것이 없다.
이를 습명이라고 한다.
그래서 잘하는 사람은 서툰 사람의 스승이 되고
서툰 사람은 잘하는 사람의 거울이다.
스승을 받들지 않고
거울을 아끼지 않으면
잔꾀에 밝겠지만 크게 어리석은 것이다.
이를 요묘라고 한다.

二十八章

知其雄 守其雌	지기웅 수기자
爲天下谿	위천하계
爲天下谿	위천하계
常德不離 復歸於嬰兒	상덕불리 복귀어영아
知其白 守其黑	지기백 수기흑
爲天下式	위천하식
爲天下式	위천하식
常德不忒	상덕불특
復歸於無極	복귀어무극
知其榮	지기영
守其辱	수기욕
爲天下谷	위천하곡
爲天下谷	위천하곡
常德乃足	상덕내족
復歸於樸	복귀어박
樸散則爲器	박산즉위기
聖人用之 則爲官長	성인용지 즉위관장
故大制不割	고대제불할

28장

암컷다움을 통각하면서,
수컷다움을 지켜라!
그럼, 하늘 아래를 흐르는 계곡이 된다.
하늘 아래의 계곡이 되면
타고난 덕을 잃지 않아 갓난아기로 돌아간다.
밝음을 깨닫고 어둠을 지켜라!
그럼 천하의 모범이 된다.
천하의 모범이 되면
타고난 덕이 이지러지지 않는다.
그러면 다시 가없는 길로 되돌아간다.
영광을 깨치고
욕됨을 품어라!
그럼 천하에 흐르는 계곡이 된다.
천하의 계곡이 되면
타고난 덕이 더 깊어져,
본래 질박한 통나무로 돌아간다.
통나무를 켜면 그릇이 된다.
이 그릇은 성인이 거둬들여 백성의 우두머리로 삼는다.
하나, 진정 큰 그릇은 통나무를 그대로 만든다.

二十九章

將欲取天下而爲之	장욕취천하이위지
吾見其不得已	오견기부득이
天下神器 不可爲也	천하신기 불가위야
爲者敗之	위자패지
執者失之	집자실지
故物 或行或隨	고물 혹행혹수
或歔或吹	혹허혹취
或强或羸	혹강혹리
或挫或隳	혹좌혹휴
是以聖人	시이성인
去甚 去奢 去泰	거심 거사 거태

29장

천하를 차지하려 발버둥 치지만,
나는 그것이 불가능한 것을 안다.
천하는 신령한 기물이라 함부로 거둘 수 없다.
덤비면 패할 것이고
잡으려면 놓칠 것이다.
세상이란 가는 것이 있으며 오는 것도 있고,
뿜는 것이 있으며 마시는 것도 있다.
강한 것도 있고 약한 것도 있으며
무른 것도 있고 단단한 것도 있다.
하여 성인은
극성스러운 것, 사치스러운 것, 태만한 것을 버린다.

三十章

以道佐人主者	이도좌인주자
不以兵强天下	불이병강천하
其事好還	기사호환
師之所處 荊棘生焉	사지소처 형극생언
大軍之後 必有凶年	대군지후 필유흉년
善有果而已 不敢以取强	선유과이이 불감이취강
果而勿矜	과이물긍
果而勿伐	과이물벌
果而勿驕	과이물교
果而不得已 果而勿强	과이부득이 과이물강
物壯則老	물장즉노
是謂不道	시위부도
不道早已	부도조이

30장

하늘의 길로 왕을 보좌하는 자는
군대로 천하를 겁박하지 않는다.
대가가 되돌아옴을 알기 때문이다.
군대가 지난 자리에는 가시덤불이 무성하고
대군이 휩쓸고 가면
반드시 흉년이 든다.
백성을 잘 구제하려 할 뿐
무력을 쓰지 않는다.
잘 구제하면서 뽐내지 않고
잘 구제하면서 자랑하지 않고
잘 구제하면서 교만하지 않다.
부득이해서 무력을 쓰기도 하지만
겁박하지 않는다.
억세고 거칠면 곧 시드니
이를 길이 아니다라고 한다.
길에서 벗어나면 일찍 사라질 뿐이다.

三十一章

夫佳兵者 不祥之器　　　　　　　　　부가병자 불상지기

物或惡之　　　　　　　　　　　　　물혹오지

故有道者不處　　　　　　　　　　　고유도자불처

君子居則貴左　　　　　　　　　　　군자거즉귀좌

用兵則貴右　　　　　　　　　　　　용벽즉귀우

兵者 不祥之器 非君子之器　　　　　병자 불상지기 비군자지기

不得已而用之 恬淡爲上　　　　　　　부득이이용지 염담위상

勝而不美　　　　　　　　　　　　　승이불미

而美之者 是樂殺人　　　　　　　　　이미지자 시락살인

夫樂殺人者 則不可得志於天下矣　　　부락살인자 즉불가득지어천하의

吉事尙左　　　　　　　　　　　　　길사상좌

凶事尙右　　　　　　　　　　　　　흉사상우

偏將軍居左 上將軍居右　　　　　　　편장군거좌 상장군거우

言以喪禮處之　　　　　　　　　　　언이상례처지

殺人之衆 以哀悲泣之　　　　　　　　살인지중 이애비읍지

戰勝 以喪禮處之　　　　　　　　　　전승 이상례처지

31장

아무리 좋은 병기일지라도 상서롭지 못한 기물에 지나지 않는다.
세상사람 모두가 싫어한다.
하여, 도를 깨친 사람은 병기를 사용하지 않는다.
덕을 갖춘 사람은 평소에 왼쪽을 귀하고 여기고
전장에서는 오른쪽을 귀하게 여긴다.
병기란 상서롭지 못한 기물로 군자의 기물이 아니다.
어쩔 수 없이 써야 할 때는 담담한 마음으로 하는 것이 제일 좋다.
이기더라도 좋아하지 말아야 한다.
이겨서 좋은 자들은 살인을 즐기는 놈들이다.
살인을 즐기는 놈들은 하늘 아래에서 제 욕심을 채울 수 없다.
좋은 일에는 왼쪽을 높이고
흉한 일에는 오른쪽을 높인다.
편장군은 왼쪽에, 상장군은 오른쪽에 앉는다.
이는 전쟁을 상례에 따라 처리하라는 뜻이다.
사람을 많이 죽였다면 비통한 마음으로 곡해야 한다.
설령 전쟁에서 이겼더라도 상례로 처리해야 한다.

三十二章

道常無名	도상무명
樸 雖小 天下莫能臣也	박 수소 천하막능신야
侯王若能守之	후왕약능수지
萬物將自賓	만물장자빈
天地相合 以降甘露	천지상합 이강감로
民莫之令而自均	민막지령이자균
始制有名 名亦旣有 夫亦將知止	시제유명 명역기유 부역장지지
知止 可以不殆	지지 가이불태
譬道之在天下	비도지재천하
猶川谷之於江海	유천곡지어강해

32장

도는 영원히 이름이 없다.
통나무는 비록 작지만, 아무도 신하로 삼지 못한다.
왕과 제후가 이 뜻을 지키면
세상 모든 것이 손님처럼 찾아올 것이다.
하늘과 땅이 만나 단비를 내리듯
명령하지 않아도 백성들은 제자리를 찾아간다.
제도를 만들자 이름이 생겼는데
이미 이름이 생겼더라도 그칠 줄 알아야 한다.
그칠 줄 알면 위험에 빠지지 않는다.
하늘 아래 길이 있다는 것,
비유하자면 강과 바다로 흘러가는 계곡과 같다.

三十三章

知人者智   지인자지
自知者明   자지자명
勝人者有力   승인자유력
自勝者强   자승자강
知足者富   지족자부
强行者有志   강행자유지
不失其所者久   불실기소자구
死而不亡者壽   사이불망자수

33장

남을 아는 것도 지혜이련만
진정한 슬기란 자신을 아는 것이다.
남을 이기는 자 힘이 있겠지만
자신을 이겨야만 진정한 강자이다.
만족을 알면 풍요롭고
애써 실천하면 뜻이 단단해진다.
제 자리를 벗어나지 말아야 오래 간다.
죽어서도 사라지지 않아야 진정한 장수라고 한다.

三十四章

大道氾兮 其可左右　　　　　　대도범혜 기가좌우
萬物恃之而生而不辭　　　　　만물시지이생이불사
功成不名有　　　　　　　　　공성불명유
衣養萬物而不爲主　　　　　　의양만물이불위주
常無欲, 可名於小　　　　　　상무욕 가명어소
萬物歸焉 而不爲主 可名爲大　만물귀언 이불위주 가명위대
以其終不自爲大　　　　　　　이기종부자위대
故能成其大　　　　　　　　　고능성기대

34장

큰 도는 (대홍수처럼) 넘실거려 어디에서든 흐른다.
만물은 큰 도를 따르고
큰 도는 만물을 서로 관계 맺게 하지만 잔소리하지 않는다.
공을 세우고 허명을 짓지 않으며
만물을 보듬고 기르지만 군림하려 하지 않는다.
늘 욕심이 없으니 작다고나 할까?
만물이 모두 제자리로 돌아오는데 주인 짓을 하지 않으니 크다고 할까?
끝내 스스로 '크다' 하지 않으니
그 큼을 이룬다.

三十五章

執大象　　　　　　　　집대상

天下往　　　　　　　　천하왕

往而不害 安平太　　　　왕이불해 안평태

樂與餌　　　　　　　　악여이

過客止　　　　　　　　과객지

道之出口 淡乎其無味　　도지출구 담호기무미

視之不足見　　　　　　시지부족견

聽之不足聞　　　　　　청지부족문

用之不足旣　　　　　　용지부족기

35장

(군주가) 큰 그림을 그리면
천하가 제대로 흘러간다.
흘러가면서 큰 그림에서 벗어나지 않으면
천하는 제자리를 잡아 공평해지고 평화가 내려앉는다.
좋은 음악과 맛있는 음식은 과객을 멈추게 하지만
도에 관한 말씀은 도무지 아무 맛도 없다.
보아도 보이지 않고
들어도 들리지 않으며
아무리 써도 마르지 않는다.

三十六章

將欲翕之 必固張之 　　　장욕흡지 필고장지

將欲弱之 必固強之 　　　장욕약지 필고강지

將欲廢之 必固興之 　　　장욕폐지 필고흥지

將欲奪之 必固與之 　　　장욕탈지 필고여지

是謂微明 　　　　　　　시위미명

柔弱勝剛強 　　　　　　유약승강강

魚不可脫於淵 　　　　　어불가탈어연

國之利器 不可以示人 　　국지이기 불가이시인

36장

접어 거두려면 먼저 펴주어야 한다.
(상대를) 약화하려면 반드시 강하다고 착각하게 만들어라!
제거하려면 먼저 추켜세워라!
뺏고자 한다면 먼저 주어라!
이를 미명이라고 한다.
여리고 약한 것이 딱딱하고 강한 것을 이긴다.
물고기가 연못을 뛰쳐 나와서는 안 되니
나라에 이로운 기물을 다른 사람에게 보여서는 안 된다.

三十七章

道常無爲而無不爲 도상무위이무불위

侯王若能守之 후왕약능수지

萬物將自化 만물장자화

化而欲作 화이욕작

吾將鎭之以無名之樸 오장진지이무명지박

無名之樸 夫亦將無欲 무명지박 부역장무욕

不欲以靜 불욕이정

天下將自定 천하장자정

37장

도가 작용하지 않는 듯 보이지만 실제 작용하지 않는 곳이 없다.
왕과 제후가 이를 본받는다면
세상 모든 것이 절로 변화 한다.
저절로 변화하는데 또 제어하려 한다면
나는 그놈을 이름 없는 통나무로 후려칠 것이다.
이름 없는 통나무란 무욕을 은유한다.
욕심이 없어 조용히 가라앉는다면
천하는 스스로 제 자리에 안착할 것이다.

노자 도덕경

德經

덕경

三十八章

上德不德 是以有德 　　상덕부덕 시이유덕

下德不失德 是以無德 　　하덕부실덕 시이무덕

上德無爲而無以爲 　　상덕무위이무이위

下德爲之而有以爲 　　하덕위지이유이위

上仁爲之而無以爲 　　상인위지이무이위

上義爲之而有以爲 　　상의위지이유이위

上禮爲之而莫之應 則攘臂而扔之 　　상례위지이막지응 즉양비이잉지

故失道而後德 　　고실도이후덕

失德而後仁 　　실덕이후인

失仁而後義 　　실인이후의

失義而後禮 　　실의이후례

夫禮者 忠信之薄 而亂之首 　　부례자 충신지박 이란지수

前識者 道之華 　　전식자 도지화

而愚之始 　　이우지시

是以大丈夫處其厚 不居其薄 　　시이대장부처기후 불거기박

處其實 不居其華 　　처기실 불거기화

故去彼取此 　　고거피취차

38장

덕이 높다면 덕이 없어 보이나 실은 덕이 있다.
덕이 낮다면 덕을 잃지 않으려 애쓸 뿐이니 그래서 덕이 없다.
덕이 높은 사람은 억지로 하지 않으면서 꾸미지도 않는다.
덕은 낮은 사람은 하려 애쓰고 자꾸 거짓을 지어낸다.
진정 어진 사람은 무엇을 하면서도 고집하지 않고 드러내지 않는다.
진정 옳은 사람은 무엇을 하면서 고집하면서 드러내는 것이 있다.
예를 잘 실천하는 사람은 상대가 따르지 않으면 팔을 비틀어 내동댕이친다.
하여, 도를 잃고서야 덕을 얻으며
덕을 잃고서야 어짊을 얻는다.
옳음을 잃고서야 예를 얻는다.
무릇 예란 진실과 믿음이 옅어져서 생긴 혼란의 머리이다.
'미래를 예인한다' 하는 자들은 화려함만 좇는 허황한 무리들이요,
어리석음을 조장하는 무리이다.
하여, 대장부는 두텁게 처신하며 얕게 행동하지 않는다.
내실을 기하며 겉을 요란하게 꾸미지 않는다.
그러므로 전자를 택하고 후자를 버린다.

三十九章

昔之得一者　　　　　　　　　　　　석지득일자
天得一以淸 地得一以寧　　　　　　　천득일이청 지득일이녕
神得一以靈 谷得一以盈　　　　　　　신득일이령 곡득일이영
萬物得一以生 侯王得一以爲天下貞　　만물득일이생 후왕득일이위천하정
其致之　　　　　　　　　　　　　　기치지
天無以淸 將恐裂 地無以寧 將恐發　　천무이청 장공렬 지무이녕 장공발
神無以靈 將恐歇 谷無以盈 將恐竭　　신무이령 장공헐 곡무이영 장공갈
萬物無以生 將恐滅 侯王無以貴高　　　만물무이생 장공멸 후왕무이귀고
將恐蹶　　　　　　　　　　　　　　장공궐
故貴以賤爲本 高以下爲基　　　　　　고귀이천위본 고이하위기
是以侯王自謂孤 寡不穀　　　　　　　시이후왕자위고 과불곡
此非以賤爲本邪 非乎　　　　　　　　차비이천위본야 비호
故致數輿無輿　　　　　　　　　　　고치삭여무여
不欲琭琭如玉 珞珞如石.　　　　　　 불욕록록여옥 락락여석

39장

태초부터 모든 것은 하나로 흘러갔다.
하늘은 하나로 맑갛고, 땅은 하나로 두터웠다.
하느님은 하나로 영험하고 계곡은 하나로 가득 찬다.
만물은 하나로 생성하고 왕과 제후는 하나로 천하를 바로 잡는다.
이 모두가 하나로써 그렇게 된 것이다.
하늘은 맑지 않으면 갈라지고 땅은 안정되지 않으면 터진다.
하느님이 신령하지 않으면 사라지며, 계곡이 가득 차지 않으면 말라 버린다.
만물은 계속 생성하지 않으면 소멸하고, 왕과 제후는 고귀하지 않으면 자리에 쫓겨난다.
하여, 귀함은 천함을 뿌리로 삼고, 높음은 낮음을 기틀로 삼는다.
하여, 왕과 제후는 자신을 고, 과, 불곡이라 낮춰 부른다.
이는 천함을 귀함의 근본으로 삼는다는 것이지 않은가? 그렇지 않은가?
하여, 수레를 즐겨 타지 말고 차라리 버려라!
옥처럼 빛나려 하지 말고, 바위처럼 묵묵해야 한다!

四十章

反者 道之動　　　　　　반자 도지동

弱者 道之用　　　　　　약자 도지용

天下萬物生於有　　　　천하만물생어유

有生於無　　　　　　　유생어무

40장

영원히 차이 나게 돌아오는 것이 도의 흐름이다.
약한 것이 도의 실제 작용이다.
하늘 아래 모든 것은 형체 있는 것에 비롯되었지만
존재의 안감은 가없고, 형체 없는 무이다.

四十一章

上士聞道 勤而行之　　　상사문도 근이행지

中士聞道 若存若亡　　　중사문도 약존약무

下士聞道 大笑之　　　　하사문도 대소지

不笑不足以爲道　　　　　불소부족이위도

故建言有之　　　　　　　고건언유지

明道若昧　　　　　　　　명도약매

進道若退　　　　　　　　진도약퇴

夷道若纇　　　　　　　　이도약뢰

上德若谷　　　　　　　　상덕약곡

大白若辱　　　　　　　　대백약욕

廣德若不足　　　　　　　광덕약부족

建德若偸　　　　　　　　건덕약투

質眞若渝　　　　　　　　질진약투

大方無隅　　　　　　　　대방무우

大器晚成　　　　　　　　대기만성

大音希聲　　　　　　　　대음희성

大象無形　　　　　　　　대상무형

道隱無名　　　　　　　　도은무명

夫唯道善貸且成　　　　　부유도선대차성

41장

천재들은 도를 들으면 힘써 실천하려 하고,
중간치들은 도를 들으면 긴가민가하며,
천치들은 도를 들으면 오히려 비웃는다.
천치들이 비웃지 않으면 차라리 도가 아니리라!
하여, 예부터 이런 말이 전해왔다.
밝은 길은 오히려 어두운 것 같고,
나아가는 길은 되레 물러나는 것 같다.
평평한 길은 오히려 울퉁불퉁한 것처럼 보이고
최상의 덕은 계곡처럼 낮아 보인다.
새하얀 결백은 마치 욕처럼 검게 보이며
넓은 덕은 자잘해 보인다.
우뚝한 덕은 오히려 쫀쫀해 보이고
질박한 진실은 더러운 것 같다.
아주 큰 사각형은 각이 없는 것 같고,
진정 큰 그릇은 형체가 보이지 않는다.
매우 큰 소리는 들리지 않고,
몹시 큰 형상은 보이지 않는다.
도는 드러나지 않고 이름도 없다.
오직 도만 자신을 내어주면서 다른 것이 이루는 것을 돕는다.

四十二章

道生一 도생일

一生二 일생이

二生三 이생삼

三生萬物 삼생만물

萬物負陰而抱陽 만물부음이포양

沖氣以爲和 충기이위화

人之所惡 唯孤 寡 不穀 인지소오 유고 과 불곡

而王公以爲稱 이왕공이위칭

故物 或損之而益 或益之而損 고물 혹손지이익 혹익지이손

人之所教 인지소교

我亦教之 아역교지

强梁者 不得其死 강량자 부득기사

吾將以爲教父 오장이위교부

42장

도는 우선 자신과 관계를 맺고,
다음 다른 것과 관계를 넓혀가며,
이 관계는 무한히 뻗어간다.
만물은 음을 등에 업고 양을 껴안는다.
충만한 기운으로 다른 것과 조화를 이룬다.
사람들이 싫어하는 것은 외로움, 부족함, 궁핍함이지만
제왕들은 이를 자기 이름으로 삼는다.
하여, 사물의 이치란 모자라면 채워지고
넘치면 덜어내기 마련이다.
보통 사람이 가르치고자 하는 것을
나 역시 가르칠 뿐이다.
억세고 굳은 것은 제명을 다 하지 못한다.
나는 이를 교부처럼 섬긴다.

四十三章

天下之至柔 馳騁天下之至堅　　천하지지유 치빙천하지지견
無有入無間　　　　　　　　　무유입무간
吾是以知無爲之有益　　　　　오시이지무위지유익
不言之敎 無爲之益　　　　　　불언지교 무위지익
天下希及之　　　　　　　　　천하희급지

四十四章

名與身孰親　　　　　　　　　명여신숙친
身與貨孰多　　　　　　　　　신여화숙다
得與亡孰病　　　　　　　　　득여무숙병
是故甚愛必大費　　　　　　　시고심애필대비
多藏必厚亡　　　　　　　　　다장필후무
知足不辱　　　　　　　　　　지족불욕
知止不殆　　　　　　　　　　지지불태
可以長久　　　　　　　　　　가이장구

43장

세상에서 가장 여린 것이 늘 가장 억센 것보다 앞서 달린다.
이 이치는 틈 없이 닫힌 곳에도 모두 통한다.
이를 통해 나는 무지가 오히려 유익하다는 것을 깨닫는다.
말 없는 가르침과 작위 없는 유익함,
이를 잘 실천하는 이 드물다.

44장

이름과 내 몸, 어느 것과 더 친해야 하나?
몸과 재화, 무엇이 더 귀한가?
얻음과 잃음, 어느 것이 더 아픈가?
하여, 자린고비처럼 아끼면 반드시 크게 잃는다.
감춘 게 많을수록 더 크게 잃는다.
만족을 알면 모욕을 당하지 않고,
그칠 줄 알면 위태롭지 않다.
하면, 오래 간다.

四十五章

大成若缺	대성약결
其用不弊	기용불폐
大盈若沖	대영약충
其用不窮	기용불궁
大直若屈	대직약굴
大巧若拙	대교약졸
大辯若訥	대변약눌
躁勝寒	조승한
靜勝熱	정승열
淸靜爲天下正	청정위천하정

45장

크게 이룬 것은 여전히 부족해 보이는데,
그 쓰임이 다하지 않았기 때문이다.
가득 찬 것은 텅 빈 것 같은데,
그 쓰임이 끝나지 않아서이다.
아주 곧은 것은 오히려 굽은 듯이 보이고,
뛰어난 기술은 되레 서툴게 보이며,
큰 웅변은 어눌하다.
바지런히 움직이면 추위가 달아나고,
조용히 가만있으면 더위가 수그러든다.
맑고 고요한 것이 하늘의 바른 이치이다.

四十六章

天下有道 卻走馬以糞　　　　천하유도 각주마이분
天下無道 戎馬生於郊　　　　천하무도 융마생어교
禍莫大於不知足　　　　　　　화막대어부지족
咎莫大於欲得　　　　　　　　구막대어욕득
故知足之足常足矣　　　　　　고지족지족상족의

四十七章

不出戶 知天下　　　　　　　불출호 지천하
不窺牖 見天道　　　　　　　불규유 견천도
其出彌遠　　　　　　　　　　기출미원
其知彌少　　　　　　　　　　기지미소
是以聖人不行而知　　　　　　시이성인 불행이지
不見而名　　　　　　　　　　불견이명
不爲而成　　　　　　　　　　불위이성

46장

천하가 평화로우면 병마로 농사짓는다.
천하가 혼란하면 농마가 전장에서 해산한다.
만족을 모른 것보다 큰 화는 없고
탐욕보다 더 큰 허물은 없다.
만족을 아는 만족이야말로 진정한 만족이다.

47장

문을 나서지 않아도 천하를 알고,
창을 열지도 않아도 하늘의 길을 본다.
나갈수록 멀어지고,
알수록 모르게 된다.
하여, 성인은 움직이지도 않아도 알고,
보지 않더라도 이름을 알고,
함이 없이도 공을 이룬다.

四十八章

爲學日益　　　　　　위학일익

爲道日損　　　　　　위도일손

損之又損　　　　　　손지우손

以至於無爲　　　　　이지어무위

無爲而無不爲　　　　무위이무불위

取天下 常以無事　　　취천하 상이무사

及其有事　　　　　　급기유사

不足以取天下　　　　부족이취천하

48장

흔히 공부라면 늘 채우려 들지만
실제 공부는 매일 덜어내는 것이다.
덜고 또 덜어내어야 한다.
하여 작위가 없는 경계에 이르러야 한다.
작위를 짓지 않으면 이루지 못하는 것이 없다.
천하를 다스릴 때도 맑고 고요하게 하고, 요란스럽게 억지로 해서는 안 된다.
요란스럽게 억지로 한다면 천하를 다스릴 수 없다.

四十九章

聖人無常心　　　　　　　　　성인무상심
以百姓心爲心　　　　　　　　이백성심위심
善者吾善之　　　　　　　　　선자오선지
不善者吾亦善之　　　　　　　불선자오역선지
德善　　　　　　　　　　　　덕선
信者吾信之　　　　　　　　　신자오신지
不信者吾亦信之　　　　　　　불신자오역신지
德信　　　　　　　　　　　　덕신
聖人在天下　　　　　　　　　성인재천하
翕歙爲天下渾其心　　　　　　흡흡언천하혼기심
百姓皆注其耳目焉　　　　　　백성개주기이목언
聖人皆孩之　　　　　　　　　성인개해지

49장

성인은 고집이 없고,
백성의 마음을 헤아려 당신의 마음으로 삼으신다.
잘하는 이는 격려하고
서툰 이를 다독인다.
이리하여, 모든 사람을 좋은 길로 인도한다.
믿음이 있는 자를 신임하고,
믿음이 없더라도 신뢰한다.
그리하여 백성이 믿음을 지킬 수 있도록 한다.
성인께서 천하를 다스리시면,
백성을 모두 질박한 마음으로 돌아가게 하신다.
백성이 아무리 잘났더라도
성인은 모두 백성을 어린아이처럼 대하신다.

五十章

出生入死	출생입사
生之徒十有三 死之徒十有三	생지도십유삼 사지도십유삼
人之生 動之死地 亦十有三	인지생 동지사지 역십유삼
夫何故	부하고
以其生生之厚	이기생생지후
蓋聞善攝生者 陸行不遇兕虎	개문선섭생자 육행불우시호
入軍不被甲兵	입군불피갑병
兕無所投其角	시무소투기각
虎無所措其爪	호무소조기조
兵無所容其刃	병무소용기인
夫何故	부하고
以其無死地	이기무사지

50장

삶을 다하면 죽음으로 들어가는 것이 정한 이치이다.
삶의 무리도, 죽음의 무리도 모두 열셋이다.
사람이 태어나서 사지로 들어가는 경우도 열셋이다.
왜 그런가?
삶만 전부인 줄 알고 삶에만 집착하기 때문이다.
섭생을 잘하는 사람은 뭍에서는 호랑이와 외뿔소와 부딪히지 않고,
전쟁터에서는 칼날에 베이지 않는다고 한다.
외뿔소가 뿔질을 할 곳이 없고
호랑이는 할퀼 곳이 없는 덕분이고,
칼날과 창끝은 겨냥할 곳이 없어서이다.
어째서 그런가?
섭생을 잘하면 죽음의 땅에 들지 않기 때문이다.

五十一章

道生之	도생지
德畜之	덕휵지
物形之	물형지
勢成之	세성지
是以萬物莫不尊道而貴德	시이만물막부존도이귀덕
道之尊 德之貴	도지존 덕지귀
夫莫之命而常自然	부막지명이상자연
故道生之 德畜之	고도생지 덕휵지
長之育之	장지육지
亭之毒之	정지독지
養之覆之	양지복지
生而不有	생이부유
爲而不恃	위이불시
長而不宰	장이부재
是謂玄德	시위현덕

51장

도는 만물을 생성하고,
덕은 만물을 기르고
만물은 형태로 드러나고
세는 만물을 성장시킨다.
하여, 만물은 도를 따르면서 덕을 귀하게 여긴다.
도와 덕은 모두 존귀하며
명령하지 않아도 늘 스스로 그렇게 흐른다.
하여, 도는 생성하고, 덕은 기른다.
도와 덕은 온갖 것을 기르고 성장시키고,
형체를 잡아주고 바탕이 되며,
보듬고 감싸준다.
생성하면서도 점유하지 않고,
위하면서도 믿으라 하지 않고,
길러주면서 주인 노릇을 하지 않는다.
이를 현덕이라고 표현한다.

五十二章

天下有始	천하유시
以爲天下母	이위천하모
旣得其母	기득기모
以知其子	이지기자
旣知其子	기지기자
復守其母	복수기모
沒身不殆	몰신불태
塞其兌 閉其門	새기태 폐기문
終身不勤	종신불근
開其兌	개기태
濟其事	제기사
終身不救	종신불구
見小曰明	견소왈명
守柔曰强	수유왈강
用其光	용기광
復歸其明	복귀기명
無遺身殃	무유신앙
是爲習常	시위습상

52장

하늘 아래 시작이 있다면
시작을 천하의 어미라고 가정하자!
어미를 알았다면
자식을 알 수가 있다.
자식을 알았다면
다시 어미를 지킬 수 있다.
그렇다면 사라질 때까지 험난하지 않으리라!
욕망이 분출하는 출구를 막아버려라!
죽을 때까지 수고롭지 않다.
욕망의 문이 열리면
일마다 꼬여
종신토록 풀리지 않는다.
아주 작은 것을 보는 것을 밝음이라 하고,
여린 것을 지킬 줄 아는 것을 강함이라고 부른다.
한 줄기 빛을 찾아
다시 밝음으로 돌아가라!
그러면 내 몸에서 재앙이 사라진다.
이를 두고 습상이라고 부른다.

五十三章

使我介然有知	사아개연유지
行於大道	행어대도
唯施是畏	유시시외
大道甚夷	대도심이
而民好徑	이민호경
朝甚除	조심제
田甚蕪 倉甚虛	전심무 창심허
服文綵 帶利劍	복문채 대리검
厭飮食 財貨有餘 是謂盜夸	염음식 재화유여 시위도과
非道也哉	비도야재

53장

만약 내가 조금이라도 슬기롭다면
큰 도를 따를 수 있겠지만,
어찌 어긋나지 않을 수 있겠는가?
넓고 평탄한 길을 두고도
백성들은 좁은 길을 좋아한다.
왕궁의 뜰은 깨끗한데
백성들의 논은 잡초가 무성하고 곡식 창고는 텅 비었다.
화려한 옷을 입고, 날카로운 검을 차며
물리도록 먹고 물건을 낭비하는 이들을 도둑놈이라고 부른다.
도를 따르지 않는 무리들!

五十四章

善建者不拔	선건자불발
善抱者不脫	선포자불탈
子孫以祭祀不輟	자손이제사불철
修之於身 其德乃眞	수지어신 기덕내진
修之於家 其德乃餘	수지어가 기덕내여
修之於鄕 其德乃長	수지어향 기덕내장
修之於國 其德乃豊	수지어국 기덕내풍
修之於天下 其德乃普	수지어천하 기덕내보
故以身觀身	고이신관신
以家觀家	이가관가
以鄕觀鄕	이향관향
以國觀國	이국관국
以天下觀天下	이천하관천하
吾何以知天下然哉	오하이지천하연재
以此	이차

54장

잘 심으면 뽑을 수 없고
잘 껴안으면 벗어날 수 없다.
(조상에게 이 도를 배운) 자손은 제사를 끊지 않는다.
이 도로 수련하면 그 덕이 참되며,
집안을 다스리면 그 덕이 넘친다.
이 도를 고을로 넓혀가면 그 덕이 더 커지며
나라에 펼치면 그 덕이 풍성해진다.
그 도로 천하를 다스리면 그 덕이 두루 젖는다.
내 몸으로 다른 사람 몸을 보고
내 집안으로 다른 집안을 보고
내 고을로 다른 고을 보고
내 나라로 다른 나라를 보고
내 천하로 다른 천하를 본다.
내가 어떻게 천하를 알겠는가?
이 덕분이다.

五十五章

含德之厚 比於赤子　　　　함덕지후 비어적자

蜂蠆虺蛇不螫　　　　　　봉채훼사불석

猛獸不據　　　　　　　　맹수불거

攫鳥不搏　　　　　　　　확조불박

骨弱筋柔而握固　　　　　골약근유이악고

未知牝牡之合而全作 精之至也　미지빈모지합이전작 정지지야

終日號而不嗄 和之至也　　종일호이불사 화지지야

知和曰常　　　　　　　　지화왈상

知常曰明　　　　　　　　지상왈명

益生曰祥　　　　　　　　익생왈상

心使氣曰强　　　　　　　심사기왈강

物壯則老　　　　　　　　물장즉로

謂之不道　　　　　　　　위지부도

不道早已　　　　　　　　부도조이

55장

덕이 도타운 어른은 갓난아기 같다.
벌이나 전갈도 그를 쏘지 못하고
맹수도 달려들지 않으며
날짐승도 낚아채지 못한다.
뼈가 무르고 근육은 약하지만, 꽉 잡고 놓지 않는다.
암수의 정을 모르지만, 발딱 서는 것은 정기가 충만하기 때문이다.
종일 울어도 목이 쉬지 않으니 조화가 지극한 덕분이다.
조화를 아는 것을 늘 그러함이라 하고
늘 그러함을 아는 것을 밝음이라고 한다.
삶을 이롭게 하는 것을 상서롭다고 하며
마음이 기를 부리는 것을 강함이라고 한다.
사물은 억세지면 늙는데
이를 도가 아니라고 한다.
도가 아니면 빨리 사라진다.

五十六章

知者不言 言者不知 　　　지자불언 언자부지

塞其兌 閉其門 　　　새기태 폐기문

挫其銳 　　　좌기예

解其分 　　　해기분

和其光 　　　화기광

同其塵 　　　동기진

是謂玄同 　　　시위현동

故不可得而親 不可得而疏 　　　고불가득이친 불가득이소

不可得而利 不可得而害 　　　불가득이리 불가득이해

不可得而貴 不可得而賤 　　　불가득이귀 불가득이천

故爲天下貴 　　　고위천하귀

56장

알면 말하지 않고, 말하면 알지 못하는 것이다.
감정과 욕망이 솟는 출구를 닫아라!
날카로움을 무디게 하게
얽힌 것을 푸는도다!
빛은 고르게 비추고,
먼지는 가지런히 내려앉는다.
이를 현동이라 한다.
하여, 가까이할 수도, 멀리할 수도 없다.
이롭지도, 해롭지도 않다.
귀하지도 천하지도 않다.
그래서 하늘 아래 사람들이 귀하게 여긴다.

五十七章

以正治國	이정치국
以奇用兵	이기용병
以無事取天下	이무사취천하
吾何以知其然哉	오하이지기연재
以此	이차
天下多忌諱 而民彌貧	천하다기휘 이민미빈
民多利器 國家滋昏	민다리기 국가자혼
人多伎巧 奇物滋起	인다기교 기물자기
法令滋彰 盜賊多有	법령자창 도적다유
故聖人云	고성인운
我無爲而民自化	아무위이민자화
我好靜而民自正	아호정이민자정
我無事而民自富	아무사이민자부
我無欲而民自樸	아무욕이민자박

57장

바른 법으로 나라를 다스리고
뛰어난 전술로 군대를 통솔하고
작위 없이 천하를 통치해야 한다.
내가 어떻게 이것을 알았겠는가?
아래의 사실을 본 덕분이다.
나라가 금하는 것이 많으면 많을수록 백성을 더 가난해지고,
백성이 날카로운 기물을 가지면 가질수록
나라는 더 혼란에 빠진다.
백성이 잔꾀를 부리면 부릴수록 삿된 일이 더 많이 일어나고,
나라가 법을 만들면 만들수록 도적이 더 많이 생긴다.
하여, 성인께서 말씀하셨다.
내가 선동하지 않으니 백성은 스스로 변했고,
내가 고요함을 좋아하니 백성은 스스로 바르게 되었다.
내가 일을 꾸미지 않으니 백성은 부유해졌고
내가 욕심을 부리지 않으니 백성은 통나무처럼 질박해졌다.

五十八章

其政悶悶 其民淳淳	기정민민 기민순순
其政察察 其民缺缺	기정찰찰 기민결결
禍兮福之所倚	화혜복지소의
福兮禍之所伏	화혜화지소복
孰知其極	숙지기극
其無正	기무정
正復爲奇	정복위기
善復爲妖	선복위요
人之迷 其日固久	인지미 기일고구
是以聖人方而不割	시이성인방이불할
廉而不劌	염이불귀
直而不肆	직이불사
光而不燿	광이불요

58장

정치가 담박하면 백성은 순후해진다.
정치가 요란하면 백성은 거칠어진다.
화여! 복이 기대고 있구나!
복이여! 화가 숨어 있구나!
누가 최상의 정치를 아는가?
그는 어떤 기준을 세우지 않을 것이다.
바름은 다시 부정으로 돌아가고
좋음은 나쁨으로 돌아간다.
사람들이 길을 잃은 지 참으로 오래되었구나!
하여, 성인은 반듯하지만 다른 이를 해치지 않고,
모나지만 다른 이에게 상처를 주지는 않으며,
곧으면서 자신을 고집하지 않고,
빛나면서 튀지 않는다.

五十九章

治人事天莫若嗇　　　　　　　치인사천막약색

夫唯嗇 是以早服　　　　　　부여색 시이조복

早服 謂之重積德　　　　　　조복 위지중적덕

重積德 則無不克　　　　　　중적덕 즉무불극

無不克 則莫知其極　　　　　무불극 즉막지기극

莫知其極 可以有國　　　　　막지기극 가이유국

有國之母 可以長久　　　　　유국지모 가이장구

是謂深根固柢 長生久視之道　시위심근고저 장생구시지도

59장

사람을 다스리고 하늘을 섬기는 것을 농사짓는 것처럼 하라!
농사짓는 대로 하면 모든 것은 제자리로 돌아온다.
제자리로 돌아오는 것을 덕을 거듭 쌓는다고 한다.
덕을 거듭 쌓으면 이기지 못할 게 없다.
이기지 못할 게 없어야 한계를 넘어설 수 있다.
한계를 넘어서야 천하를 차지할 수 있다.
치국의 근본을 알아야 그 나라가 오래 간다.
이를 두고 뿌리가 깊고 단단하다고 하며, 오래 사는 길이라고도 한다.

六十章

治大國 若烹小鮮 치대국 약팽소선
以道莅天下 其鬼不神 이도리천하 기귀불신
非其鬼不神 其神不傷人 비기귀불신 기신불상인
非其神不傷人 聖人亦不傷人 비기신불상인 성인역불상인
夫兩不相傷 부양불상상
故德交歸焉 고덕교귀언

60장

큰 나라를 다스리는 것을 작은 생선 삶듯 하라!
도로 천하를 대하면 귀신도 신령을 부리지 못한다.
귀신이 신령을 부리지 못하는 것이 아니라 신령스러움이 사람을 해치지 못한다.
귀신이 사람을 해하지 않듯 성인께서 사람을 해치지 않으신다.
귀신도 성인도 사람을 해하지 않으니
덕이 서로서로 쌓여 가는 것이다.

六十一章

大國者下流	대국자하류
天下之交	천하지교
天下之牝	천하지빈
牝常以靜勝牡 以靜爲下	빈상이정승모 이정위하
故大國以下小國 則取小國	고대국이하소국 즉취소국
小國以下大國 則取大國	소국이하대국 즉취대국
故或下以取 或下而取	고혹하이취 혹하이취
大國不過欲兼畜人	대국불과욕겸흑인
小國不過欲入事人	소국불과욕입사인
夫兩者各得其所欲	부양자각득기소욕
大者宜爲下	대자의위하

61장

큰 나라를 만들려면 (모든 강이 흘러드는) 하류 같아야 한다.
하늘 아래 사람이 모두 찾아오게 하며,
암컷이 제자리에 있으면 수컷이 찾아오는 것 같이 해야 한다.
암컷은 고요함으로 수컷을 이기고, 고요함으로 자신을 낮춘다.
하여, 대국이 소국 아래로 낮추면 소국의 신뢰를 얻고,
소국도 대국 아래로 대국의 신임을 받는다.
따라서 자세를 낮추어야 신뢰를 얻거나 신임을 받을 수 있다.
대국은 다만 소국의 섬김을 바라야 하고
소국은 다만 대국을 섬기기를 바라야 한다.
이렇게 해야만 양국 모두 원하는 것을 얻는다.
먼저 큰 나라가 낮추어야 한다.

六十二章

道者 萬物之奧	도자 만물지오
善人之寶	선인지보
不善人之所保	불선인지소보
美言可以市	미언가이시
尊行可以加人	존행가이가인
人之不善 何棄之有	인지불선 하기지유
故立天子 置三公	고립천자 치삼공
雖有拱壁以先駟馬	수유공벽이선사마
不如坐進此道	불여좌진차도
古之所以貴此道者何	고지소이귀차도자하
不曰以求得 有罪以免邪	불왈이구득 유죄이면사
故爲天下貴	고위천하귀

62장

도란 만물 속에 감춰진 싹이다.
좋은 사람에게 보배이고
좋지 않은 사람에게도 갖춰져 있다.
말을 좋게 하면 사람을 잘 사귈 수 있고
품위 있게 행동하면 다른 사람이 존중한다.
사람의 나쁜 점을 어찌 그냥 버려둘 수 있겠는가!
하여, 천자를 세우고 삼공을 두고
말 네 마리를 앞세워 보물을 받치는 허례를 갖추는 것보다
이 도를 따르는 것이 낫다.
옛사람이 왜 이 도를 귀하게 여겼겠는가?
구하면 얻고 죄를 지어도 용서를 받았으니
천하가 귀하게 여겼다.

六十三章

爲無爲　　　　　　　　　　　　위무위

事無事　　　　　　　　　　　　사무사

味無味　　　　　　　　　　　　미무미

大小多少 報怨以德　　　　　　 대소다소 보원이덕

圖難於其易　　　　　　　　　　도난어기이

爲大於其細　　　　　　　　　　위대어기세

天下難事 必作於易　　　　　　 천하난사 필작어이

天下大事 必作於細　　　　　　 천하대사 필작어세

是以聖人 終不爲大　　　　　　 시이성인 종불위대

故能成其大　　　　　　　　　　고능성기대

夫輕諾必寡信　　　　　　　　　부경낙필과신

多易必多難　　　　　　　　　　다이필다난

是以聖人猶難之　　　　　　　　시이성인유난지

故終無難矣　　　　　　　　　　고종무난의

63장

작위를 짓지 말고,
요란하게 앞서지 말고,
무미한 것을 맛있다 여겨라!
크든 작든 원한은 덕으로 갚아라!
어려운 일은 쉬운 곳에서부터 풀어가고
큰일도 작은 곳부터 시작해야 한다.
쉬운 일을 이루어야 어려운 일도 성공한다.
작은 것을 놓치면 큰 것을 어찌 잡을 수 있겠는가?
하여, 성인께서 끝내 자신을 위대하다 여기지 않으시니
위대함을 성취하신다.
가볍게 승낙하면 신뢰를 받지 못하고
너무 쉽게 이루면 반드시 큰 어려움이 뒤따른다.
하여, 성인께서는 늘 어렵게 여기시니
끝내 어려움을 겪지 않으신다.

六十四章

其安易持	기안이지
其未兆易謀	기미조이모
其脆易泮	기취이반
其微易散	기미이산
爲之於未有	위지어미유
治之於未亂	치지어미란
合抱之木 生於毫末	합포지목 생어호말
九層之臺 起於累土	구층지대 기어누토
千里之行 始於足下	천리지행 시어족하
爲者敗之	위자패지
執者失之	집자실지
是以聖人無爲故無敗	시이성인무위고무패
無執故無失	무집고무실
民之從事 常於幾成而敗之	민지종사 상어기성이패지
愼終如始 則無敗事	신종여시 즉무패사
是以聖人欲不欲	시이성인욕불욕
不貴難得之貨	불귀난득지화
學不學	학불학
復衆人之所過	복중인지소과
以輔萬物之自然 而不敢爲	이보만물지자연 이불감위

64장

안정될 때 지키기 쉽고
조짐조차 없을 때 도모하기 쉽다.
무르면 자르기 쉽고
작으면 흩어지기 쉽다.
굳어지기 전에 처리하고,
혼란하기 전에 다스려라!
아름드리나무도 싹에서 자랐고
구층 누각도 한 줌 흙에서 시작한다.
천 리 길도 첫걸음을 떼야 갈 수 있다.
이기고자 하면 지고
잡으려 하면 놓친다.
하여, 성인은 이기고자 하지 않으니 지질 않는다.
잡으려 하지 않으니 놓치지 않는다.
사람들이 일할 때 거의 이루었다 실패하는 경우가 있다.
늘 처음부터 끝까지 한결같이 조심하면 실패하지 않는다.
하여, 성인은 욕심내지 않기를 바라고
희귀한 보물을 귀하게 여기지 않으며
배우지 않는 것을 배우며
뭇사람이 지나치는 길로 돌아간다.
이리하여 만물이 제자리에서 흘러가도록 돕는다.
억지로 거슬러 무엇을 일삼지 않는다.

六十五章

古之善爲道者	고지선위도자
非以明民 將以愚之	비이명민 장이우지
民之難治 以其智多	민지난치 이기지다
故以智治國 國之賊	고이지치국 국지적
不以智治國 國之福	불이지치국 국지복
知此兩者亦稽式	지차양자역계식
常知稽式 是謂玄德	상지계식 시위현덕
玄德深矣遠矣	현덕심의원의
與物反矣 然後乃至大順	여물반의 연후내지대순

65장

옛날에 도를 잘 실천했던 사람은
백성을 명민하게 하지 않고 오히려 아둔하게 했다.
백성들 다스리기 어려운 것은
그들에게 잔꾀가 너무 많기 때문이다.
하여, 잔꾀로 나라를 다스리는 것은 나라의 큰 재난이고
잔꾀로 다스리지 않으면 나라의 큰 복이다.
이 둘은 변하지 않는 준칙이다.
이 준칙을 항상 품고 있는 것을 현덕이라고 한다.
현덕은 깊고 아득하다.
만물과 함께 영원히 회귀해야만
우주의 순리에 이른다.

六十六章

江海所以能爲百谷王者	강해소이능위백곡왕자
以其善下之	이기선하지
故能爲百谷王	고능위백곡왕
是以欲上民 必以言下之	시이욕상민 필이언하지
欲先民 必以身後之	욕선민 필이신후지
是以聖人處上而民不重	시이성인처상이민부중
處前而民不害	처전이민불해
是以天下樂推而不厭	시이천하락추이불염
以其不爭 故天下莫能與之爭	이기부쟁 고천하막능여지쟁

66장

강과 바다가 모든 계곡의 왕이 되는 것은 자신을 잘 낮춘 덕분이다.
그래서 모든 계곡의 왕이 된 것이다.
백성을 다스리고 싶다면 반드시 자신을 낮춰 말해야 한다.
백성을 앞에서 이끌고 싶다면 자신의 몸을 뒤로 해야 한다.
하여, 성인은 백성 위에 있어도 백성들은 무겁다 여기지 않고,
백성보다 앞에 있어도 백성들은 해롭다 여기지 않는다.
천하 사람들이 즐겨 추대하면서 싫어하지 않는다.
성인은 다투지 않으니,
천하 사람도 성인과 다툴 건더기가 없다.

六十七章

天下皆謂我道大 似不肖	천하개위아도대 사불초
夫唯大 故似不肖	부유대 고사불초
若肖久矣 其細也夫	약초구의 기세야부
我有三寶 持而保之	약유삼보 지이보지
一曰慈	일왈자
二曰儉	이왈검
三曰不敢爲天下先	삼왈불감위천하선
慈故能勇	자고능용
儉故能廣	검고능광
不敢爲天下先 故能成器長	불감위천하선 고능성기장
今舍慈且勇	금사자차용
舍儉且廣	사검차광
舍後且先	사후차선
死矣	사의
夫慈以戰則勝	부자이전즉승
以守則固	이수즉고
天將救之 以慈衛之	천장구지 이자위지

67장

천하 사람 모두 내 도가 너무 커서
도가 아닌 것 같다고 한다.
진실로 크기 때문에 마치 도가 아닌 것처럼 보인다.
만약 도처럼 보였다면 그것은 차라리 아무것도 아니었으리라!
나는 보배를 셋 품고 있다.
첫째는 자애로움이고,
둘째는 검소함이고,
셋째는 천하를 앞지르려고 하지 않음이다.
자애로우면 용감해지고,
검소하면 풍족해지고,
앞서려 하지 않으니 천하의 우두머리가 될 수 있다.
요즘은 자애를 버리고 용감하려만 하고,
검소함을 버리고 풍족하려만 하고,
뒤를 버리고 앞만 취하려 한다.
그것은 죽음의 길이다.
자애롭다면 싸워도 이길 것이고,
지키면 견고할 것이다.
하늘이 이 사람을 지키려
자애로움으로 보호해 준다.

六十八章

善爲士者不武	선위사자불무
善戰者不怒	선전자불노
善勝敵者不與	선승적자불여
善用人者爲之下	선용인자위지하
是謂不爭之德	시위부쟁지덕
是謂用人之力	시위용인지력
是謂配天	시위배천
古之極	고지극

68장

훌륭한 장군은 무력을 쓰지 않으며
잘 싸우는 자는 화를 내지 않는다.
잘 이기는 사람은 적과 다투지 않는다.
사람을 잘 쓰는 사람은 자신을 그 사람 아래로 낮춘다.
이를 다투지 않는 덕이라고 하며,
남을 부리는 힘이라고 한다.
이를 하늘과 짝한다고도 한다.
예로부터의 준칙이다.

六十九章

用兵有言	용병유언
吾不敢爲主而爲客	오불감위주이위객
不敢進寸而退尺	불감진촌이퇴척
是謂行無行	시위행무행
攘無臂	양무비
扔無敵	잉무적
執無兵	집무병
禍莫大於輕敵	화막대어경적
輕敵幾喪吾寶	경적기상오보
故抗兵相加	고항병상가
哀者勝矣	애자승의

69장

병가에서 전하는 속담이 있다.
나는 주인보다는 손님이 되고자 한다.
한 치도 진군하지 않고 뒤로 한 척 퇴각하고자 한다.
이를 흔적을 남기지 않는 행군이라고 하며,
팔이 있지만, 팔이 없는 척하고,
적과 마주하지만 적은 없는 듯 여기고,
병기가 있더라도 병기가 없는 척한다.
적을 가볍게 보는 것보다 큰 화는 없다.
적을 가볍게 보면 나의 세 보배를 잃게 된다.
양군이 대치할 때
애통한 마음을 지닌 쪽이 이기게 된다.

七十章

吾言甚易知 甚易行   오언심이지 심이행

天下莫能知 莫能行   천하막능지 막능행

言有宗 事有君   언유종 사유군

夫唯無知 是以不我知   부유무지 시이불아지

知我者希 則我者貴   지아자희 칙아자귀

是以聖人被褐懷玉   시이성인 피갈회옥

70장

내 말은 알기 쉽고 따르기도 매우 쉽다.
천하 사람 중에 아는 사람도 행하는 사람도 없다.
말할 때는 큰 줄기가 있어야 하며
일할 때는 책임자가 있어야 한다.
이를 모르니, 내 말을 아는 이가 없는 것이다.
나를 알고, 본받는 자 드물다.
하여, 성인은 갈옷을 입고 가슴에 옥을 품는 것이다.

七十一章

知不知上	지부지상
不知知病	부지지병
夫唯病病 是以不病	부유병병 시이불병
聖人不病	성인불병
以其病病 是以不病	이기병병 시이불병

71장

자기가 모른다는 것을 아는 것이 최상이다.
모르면서 아는 체하는 것이 병이다.
병을 병으로 알아야만 병이 되지 않는다.
성인은 병이 없다.
병을 병으로 깨닫기에 병이 없는 것이다.

七十二章

民不畏威 민불외위

則大威至 즉대위지

無押其所居 무압기소거

無厭其所生, 무염기소생

夫唯不厭 부유불염

是以不厭 시이불염

是以聖人自知不自見 시이성인자지부자견

自愛不自貴 자애부자귀

故去彼取此 고거피취차

72장

백성이 (통치자)의 위엄을 경외하지 않으면,
가장 두려운 것이 오고야 만다.
백성들 삶의 토대를 흔들지 말고
생업을 압박하지 마라!
백성들을 핍박하지 말아야
백성이 통치자를 싫어하지 않는다.
성인은 자기를 알면서도 스스로 드러내지 않고
자기를 아끼면서도 귀하게 여기지 않는다.
그래서 후자를 버리고 전자를 취한다.

七十三章

勇於敢則殺	용어감즉살
勇於不敢則活	용어불감즉활
此兩者或利或害	차양자혹리혹해
天之所惡 孰知其故	천지소악 숙지기고
是以聖人猶難之	시이성인유난지
天之道	천지도
不爭而善勝	부쟁이선승
不言而善應	불언이선응
不召而自來	불소이자래
繟然而善謀	천연이선모
天網恢恢	천망회회
疏而不失	소이부실

73장

억세고 거친 일에 용감하면 죽고

여리고 부드러운 일에 용감하면 산다.

용감하더라도 어떨 때는 이롭고 어떨 때는 해롭다.

하늘이 싫어하는데, 그 까닭은 아는 사람이 있는가?

하여, 성인은 매사를 어렵게 대한다.

하늘의 도를 따르면

다투지 않고도 잘 이기며,

말하지 않고도 잘 응대하며,

부르지 않아도 저절로 온다.

더디게 일해도 일을 잘 마무리 짓는다.

하늘의 그물은 크고 크다.

(촘촘하지 않고) 성글지만 놓치는 것이 없다.

七十四章

民不畏死 奈何以死懼之　　　　　민불외사 내하이사구지
若使民常畏死而爲奇者　　　　　약사민상외사이위기자
吾得執而殺之　　　　　　　　　오득집이살지
孰敢　　　　　　　　　　　　　숙감
常有司殺者殺　　　　　　　　　상유사살자살
夫代司殺者殺　　　　　　　　　부대사살자살
是謂代大匠斲　　　　　　　　　시위대대장착
夫代大匠斲者 希有不傷其手矣　　부대대장착자 희유불상기수의

74장

백성들이 죽음조차 두려워하지 않는다면
어떻게 죽음으로 그들을 겁박할 수 있겠는가!
백성을 늘 죽음으로 협박하면서 요상한 짓거리를 하는 놈이 있다면
내가 잡아서 죽일 것이다.
누가 감히 못된 짓을 일삼는가!
살인을 관장하는 관리를 죽여야 하고
관리를 대신해서 살인하는 놈도 죽여야 한다.
관리 대신 살인하는 것은 목수 대신 대패질한다고 한다.
목수 대신 대패질하면서 손을 다치지 않을 수 있겠는가!

七十五章

民之饑	민지기
以其上食稅之多	이기상식세지다
是以饑	시이기
民之難治	민지난치
以其上之有爲	이기상지유위
是以難治	시이난치
民之輕死	민지경사
以其上求生之厚	이기상구생지후
是以輕死	시이경사
夫唯無以生爲者 是賢於貴生	부유무이생위자 시현어귀생

75장

백성이 굶주리는 것은
윗놈들이 세금을 너무 많이 걷는 탓이다.
그래서 백성은 굶주리는 것이다.
백성을 다스리기 어려운 것은
윗놈들이 거짓말을 너무 많이 하기 때문이다.
그래서 백성을 다스리기 어렵다.
백성들이 죽음을 가볍게 여기는 것은
윗놈들이 제 살기만 급급하기 때문이다.
그래서 백성은 죽음을 가볍게 여긴다.
대저 삶에 구차하지 않은 사람이 삶을 귀하게 여기는 사람보다 뛰어나다.

七十六章

人之生也柔弱 其死也堅强	인지생야유약 기사야견강
萬物草木之生也柔脆 其死也枯槁	만물초목지생야유취 기사야고고
故堅强者死之徒	고견강자사지도
柔弱者生之徒	유약자생지도
是以兵强則不勝	시이병강즉불승
木强則折	목강즉절
强大處下	강대처하
柔弱處上	유약처하

76장

사람이 날 때 부드럽고 약하며, 죽을 때는 딱딱하고 굳는다.
풀과 나무도 살아 있을 때는 부드럽고 무르나,
죽을 때 마르고 딱딱하다.
그러므로 딱딱하고 억센 것은 죽음의 무리요,
부드럽고 약한 것은 삶의 무리이다.
하여, 강성한 군대는 적을 이기지 못하고
딱딱한 나무는 부러진다.
크고 억센 것은 늘 아래로 내려가고
부드럽고 약한 것은 위로 올라간다.

七十七章

天之道 其猶張弓與	천지도 기유장궁여
高者抑之 下者擧之	고자억지 하자거지
有餘者損之 不足者補之	유여자손지 부족자보지
天之道損有餘而補不足	천지도손유여이보부족
人之道則不然	인지도즉불연
損不足以奉有餘	손부족이봉유여
孰能有餘以奉天下	숙능유여이봉천하
唯有道者	유유도자
是以聖人爲而不恃	시이성인위이불시
功成而不處	공성이불처
其不欲見賢	기불욕견현

77장

하늘의 도는 활시위와 같다.
높은 것은 내리고
낮은 것은 올려준다.
팽팽하면 풀어주고
느슨하면 당겨준다.
하늘의 도는 남는 것을 덜어 부족한 곳에 채워주지만
사람의 도는 그렇지 않다.
부족한데도 빼앗아 남아도는 곳에 바친다.
누가 남은 것으로 부족한 곳을 채울 수 있는가?
오직 도를 알아야만 그렇게 할 수 있다.
하여 성인은 위하면서도 바라지 않고
공을 세우고도 거기에 연연하지 않으며
뛰어난 재주를 드러내지 않는다.

七十八章

天下莫柔弱於水	천하막유약어수
而攻堅强者 莫之能勝	이공견강자 막지능승
以其無以易之	이기무이이지
弱之勝强	약지승강
柔之勝剛	유지승강
天下莫不知	천하막부지
莫能行	막능행
是以聖人云	시이성인운
受國之垢	수국지구
是謂社稷主	시위사직주
受國不祥	수국불상
是謂天下王	시위천하왕
正言若反	정언약반

78장

하늘 아래 물보다 더 부드럽고 약한 것은 없다.
물은 단단하고 강한 것을 치면서 모두를 제압한다.
물을 대신할 것이 없다.
약한 것이 강한 것을 이기고
부드러움이 딱딱함을 이기는 것은
하늘 아래에서 모르는 사람이 없건만,
실천하는 사람은 없다.
하여, 성인께서 말씀하신다.
나라의 온갖 더러움을 받아내어야만
사직의 주인이라고 할 수 있다.
나라의 모든 상서롭지 못함을 받아야만
하늘 아래의 왕이라고 할 수 있다.
바른 말은 거짓처럼 들린다.

七十九章

和大怨 必有餘怨　　　　　화대원 필유여원
安可以爲善　　　　　　　안가이위선
是以聖人執左契　　　　　시이성인집좌계
而不責於人　　　　　　　이불책어인
有德司契　　　　　　　　유덕사계
無德司徹　　　　　　　　무덕사철
天道無親 常與善人　　　천도무친 상여선인

79장

큰 원한은 풀어도 반드시 원한이 남는다.
그럼, 어떻게 해야 잘하는 것인가?
하여, 성인은 차용증을 받고서도
다른 사람에게 독촉하지 않는다.
덕이 있는 사람은 다른 사람의 사정을 잘 살피고
덕이 없는 놈을 그저 닦달만 한다.
하늘은 편애하지 않고
좋은 사람과 늘 함께 할 뿐이다.

八十章

小國寡民	소국과민
使有什佰之器而不用	사유십백지기이불용
使民重死而不遠徙	사민중사이불원사
雖有舟輿 無所乘之	수유주여 무소승지
雖有甲兵 無所陳之	수유갑병 무소진지
使人復結繩而用之	사인복결승이용지
甘其食	감기식
美其服	미기복
安其居	안기거
樂其俗	낙기속
隣國相望	인국상망
鷄犬之聲相聞 民至老死不相往來	계견지성상문 민지노사불상왕래

80장

나라는 작게 하고 인구는 줄여라!
기물이 많더라도 사용하지 마라!
백성들이 죽음을 신중하게 받아들이도록 하고
멀리 다니지 말게 하라!
수레와 배가 있더라도 탈 일이 없게 하라!
갑옷과 병기가 있더라도 전쟁할 일이 없도록 하라!
결승 문자를 쓰던 옛날로 돌아가라!
음식을 맛있게 해주고,
옷을 예쁘게 해주고,
거처를 편안하게 해주고,
풍속을 즐겁게 해주어라!
이웃 나라가 바라보이고,
개와 닭이 우는 소리가 들릴 만큼 가깝더라도
백성들이 죽을 때까지 왕래하지 못하게 하라!

八十一章

信言不美　　　　　　　　　　신언불미
美言不信　　　　　　　　　　미언불신
善者不辯　　　　　　　　　　선자불변
辯者不善　　　　　　　　　　변자불선
知者不博　　　　　　　　　　지자불박
博者不知　　　　　　　　　　박자부지
聖人不積　　　　　　　　　　성인부적
旣以爲人 己愈有　　　　　　　기이위인 기유유
旣以與人 己愈多　　　　　　　기이여인 기유다
天之道 利而不害　　　　　　　천지도 이이불해
聖人之道 爲而不爭　　　　　　성인지도 위이부쟁

81장

믿음이 있는 말은 아름답지 않고,
아름다운 말은 미덥지 않다.
좋은 사람은 어눌하고
달변가는 좋은 사람이 아니다.
슬기로운 사람은 박식하지 않고
박식한 사람은 슬기롭지 않다.
성인은 자신을 위해 축재하지 않고
다른 사람을 위하니 더 많이 갖는다.
다른 사람에게 나눠 주니 자신은 더 풍요롭다.
하늘의 도는 이롭게 하며 해치지 않으며
성인의 도는 다른 사람은 위할 뿐 다투지 않는다.

발문(跋文)

상처의 서(書)-『도덕경』

1. 노자의 언어는 자코메티가 조각한 '걸어가는 사람'을 닮았습니다. 살을 발라낸 언어, 군더더기를 뺀 언어, 비본질적인 것은 남김없이 모두 걷어낸 언어……. 그의 언어를 가만히 한 자 한 자 마주하면 세계를 응시하는 노자의 서늘한 눈길이 느껴지기도 합니다. 그러나 『도덕경』을 찬찬히 읽어나가면 어느 순간 노자의 마음이 다가옴을 경험하게 됩니다. 그의 언어에는 약한 자와 힘없는 자, 작은 것과의 깊은 일체감, 사람들의 삶과 생명을 돌아보지 않은 채 세계를 전장으로 몰아간 위정자들의 폭력과 욕망에 대한 분노가 담겨 있기 때문입니다.

2. 노자의 언어에는 고대 동아시아인의 눈물과 고통이 상흔처럼 깊이 새겨 있습니다. 시인 나희덕이 자코메티의 '걸어가는 사람'을 보고 "그걸 만지면 삶의 온갖 고통과 슬픔이 손끝에서 묻어날 것만 같다"(『예술의 주름들』)고 노래한 것처럼 노자의 언어에 닿으면 무명(無名)의 숱한 이들이 겪은 고통과 슬픔이 묻어날 것만 같습니다. 모든 고전이 상처의 흔적을 담고 있다면 『도덕경』은 분명 상처의 서(書)라고 말할 수 있을 것입니다. 『도덕경』은 무수하고 분분한 해석을 낳은 고전입니다. 그러나 그 어떤 해석보다도 『도덕경』에 남겨진 고대 동아시아인들의 상흔과 패인 주름을 먼저 기억해야 하지 않을까 합니다.

3. 오늘 우리 시대 『도덕경』을 읽는 것은 이러한 노자의 마음을 읽는 것이며, 『도덕경』에 반영된 고대 동아시아인들의 마음을 읽는 것이기도 합니다. 이를 통해 우리는 우리의 마음과 세계를 다시 읽는 데에 이르게 됩니다. 마음에는 세계가 반영되고 세계에는 우리의 마음이 드러납니다. 그런데 마음과 세계의 만남, 그리고 어긋남의 궤적인 고대 언어의 지층은 두텁기만 합니다. 쉬이 들어갈 수 있을 듯 하면서도 파고 들어가면 난문이 곳곳에서 버티고 있습니다.

4. 『도덕경』 번역서는 참으로 많습니다. 그러나 노자의 마음을 읽고 『도덕경』에 반영된 고대 동아시아인들의 마음을 읽은 번역서는 그 수에 비례하지는 않는 듯합니다. 노자와 고대 동아시아

인들의 마음을 있는 그대로 살펴 읽어내려 하는 마음, 고전의 지층을 해석이라는 문문치 않은 시추(試錐)를 통해 오늘의 언어로 검질기게 벼려내는 작업은 지난(至難)하기 이를 데 없는 일입니다. 선학들의 땀과 수고가 담긴 『노자』 번역서를 살피는 동안 저는 그러한 마음과 작업이 좋은 번역이 나오도록 이끄는 힘이라는 믿음을 더욱 버리지 못하게 되었습니다.

5. 윤지산의 『도덕경』은 바로 이러한 믿음을 확인하게 해준 번역입니다. 그의 『도덕경』은 또 하나의 『도덕경』 번역이 아니라 그의 오랜 『도덕경』 읽기와 독법이 고스란히 숨 쉬는 오랜 저작(咀嚼)의 소산입니다. 그는 텍스트와 밀착되면 텍스트에 눈멀게 됨을 잘 알기에 『도덕경』과 '거리'를 유지하며 밀도 높은 한국어로 『도덕경』의 마음과 세계를 만나게 했습니다. 윤지산의 『도덕경』은 노자와 고대 동아시아인들의 마음을 읽고자 했고, 그 마음을 통해 오늘 우리의 마음과 세계를 들여다보고자 했습니다. 그 마음이 독자들의 마음에 가닿을 것이라 믿습니다.

2022년 원단(元旦) 둔촌에서 삼가 발문을 쓰다.
성균관대학교 초빙교수 임종수.

노자도덕경(老子 道德經)
동양 고전 원문 읽기 시리즈 2

초판 1쇄 인쇄 2022년 2월 10일
초판 1쇄 발행 2022년 2월 23일

지은이 윤지산

펴낸이 신민식
만든이 신지원
디자인 여백커뮤니케이션
펴낸곳 도서출판 지식여행
출판등록 제 2010-000113호

주소 서울 마포구 토정로 222 한국출판콘텐츠 센터 419호
전화 02-332-1122
팩스 02-332-4111
이메일 theorigin1971@gamil.com
홈페이지 www.sirubooks.com
영업문의 휴먼스토리 070-4229-0621
인쇄 제본 한국학술정보

ISBN 978-89-6109-526-6 (03150)
정가 15,000원

·잘못된 책은 구입처에서 바꿔 드립니다.
·이 책의 전부 또는 일부 내용을 재사용하려면 사전에 도서출판 지식여행의 동의를 받아야 합니다.